AF233053

DE L'ÉTAT

DE

LA FRANCE,

A·LA FIN DE L'AN VIII.

A PARIS,

CHEZ HENRICS, RUE DE LA LOI, N°. 288.

BRUMAIRE AN 9.

TABLE DES CHAPITRES.

FIN DE LA TABLE.

DE L'ÉTAT

DE

LA FRANCE,

A LA FIN DE L'AN VIII.

CHAPITRE PREMIER.

Situation politique de l'Europe avant la guerre.

Les causes qui dès l'origine de la révolution française exaltèrent, à un extrême degré contre elle, la haine de la plupart des gouvernemens étrangers, qui attirèrent à la France une guerre presque générale, qui rendent aujourd'hui cette fatale guerre si difficile à terminer, n'ont pas été suffisamment approfondies. Je crois utile de ramener l'attention publique sur un examen un peu développé de ces causes ; car, lorsqu'on ne

A

voit les passions que dans les suites funestes
qu'elles entraînent, on ne se sent disposé
qu'à s'aigrir, à redoubler d'efforts pour les
combattre, et en s'obstinant à une telle lutte
on ne fait que les exaspérer et leur prêter de
nouvelles armes; au lieu que, si l'on se place
à une époque antérieure aux débats, si l'on
prend sur soi de ne considérer les passions
que comme des résultats pour ainsi dire
forcés d'une longue suite d'événemens, on
parvient facilement à dégager la discussion
de tout ce qui tient à la susceptibilité, aux
ressentimens, à l'amour-propre ; on isole
l'ambition de cette foule de faux motifs qui,
en lui servant de prétexe, ne sont propres
qu'à l'égarer ; on jette enfin sur le champ de
la dispute un jour qui éclaire tous les com-
battans, et qui leur montre sensiblement
qu'en persistant à méconnaître la première
origine des impulsions auxquelles ils cèdent,
ils ne cessent de se méprendre sur les causes,
sur le remède des maux qu'ils endurent, et
que, vaincus ou vainqueurs, ils sont également
ment dupes de l'ignorance ou de l'oubli de
leurs vrais intérêts.

Avant la révolution, presque tous les gouvernemens de l'Europe étaient dans une position contrainte et fausse à l'égard les uns

des autres , oppressive et ruineuse à l'égard de leurs sujets : jamais on n'avait vu au dehors des liens politiques aussi indécis , aussi discordans, aussi faibles ; jamais les principes d'une administration sensée n'avaient été plus méconnus dans l'intérieur de tous les États. Il ne peut être sans intérêt de chercher les causes d'une aussi générale désorganisation.

Au milieu du siècle dernier, un traité fondamental des droits et des devoirs de la plus grande partie des puissances continentales , assigna la place qui appartenait à chacune d'elles dans la grande échelle politique de l'Europe. Le système de conduite que chaque gouvernement devait suivre avait été indiqué par l'éclat des discussions qui, avant la paix, avaient mis au grand jour les rivalités entre les puissances que des intérêts différens tendaient à diviser , et les motifs d'union entre celles qu'un intérêt commun excitait à se fédéraliser. Ces disparités d'intérêt furent mieux indiquées encore dans les engagemens politiques qui résultèrent des stipulations de la paix.

Les traités postérieurs à celui de Westphalie altérèrent plus ou moins la force de ces engagemens, mais ils se rapportèrent cependant à ses bases principales dans tout l'ensemble de leurs plus importantes dispositions. Ce traité, qu'on peut appeler élémentaire et classique, eût peut-être fondé, pour une longue suite de siècles, le droit public de l'Univers, si trois événemens qui datent à peu près de la même époque, n'étaient venus compliquer le système général, de combinaisons inattendues, qui, d'abord imperceptibles et lentes, attaquèrent graduellement tous les rapports consacrés ou préparés par le traité de Westphalie, et ont enfin, de nos jours, brisé avec scandale tous les liens qui unissaient ces rapports, et détruit les bases d'intérêt, de concorde et de contrepoids sur lesquelles ils étaient établis.

Ces trois événemens sont, 1°. la formation d'un nouvel empire au nord de l'Europe ; 2°. l'élévation de la Prusse au rang des premières puissances ; 3°. l'accroissement prodigieux du système colonial et maritime dans les quatre parties de l'Univers. Je vais indiquer rapidement les principaux effets de l'influence et du concours de ces trois mémorables événemens.

La Russie, avant le commencement de ce siècle, était à peu près inconnue à l'Europe. Le grand-homme qui conçut l'idée hardie d'établir un empire puissant sur cette contrée à moitié déserte, et habitée par des peuplades dispersées et demi-sauvages, se laissa trop entraîner peut-être par l'impatience de son génie, pressé tout à la fois de créer et de jouir ; peut-être se méprit-il sur le choix des moyens qu'il devait mettre en usage pour faire arriver plus sûrement à une civilisation générale et complète les nations nombreuses qu'il gouvernait : mais puisqu'il entrait essentiellement dans ses vues d'introduire dans ses États, les arts, le commerce et la politique de l'Europe, quelles qu'aient été ses méprises sur l'art de policer un empire, on ne peut nier qu'il n'ait parfaitement réussi par l'ensemble de ses mesures, par ses succès, par ses revers même, par des tentatives et des opérations tantôt bizarres, tantôt hardies, et toujours ingénieuses, à enseigner la guerre à ses soldats, à faire supporter les arts et les communications de l'Europe à ses sujets, à diriger leur industrie vers l'intérêt des importations et des exportations auparavant inconnues, et c'est par ces résultats seuls que l'examen des projets de ce grand-homme appartient à mon sujet.

La conséquence naturelle de ces résultats devait être que les progrès de la puissance relative de la Russie, considérée comme État, seraient indépendans des progrès de la civilisation de la Russie, considérée comme nation ; que l'Empire russe, sans cesser d'être en arrière de la civilisation de l'Europe, développerait les mêmes moyens d'attaque et de résistance que les autres peuples ; qu'il se présenterait à eux comme puissance européenne ; qu'il se ferait admettre dans les combinaisons de leur système politique, et que, s'incorporant à ce système dans un tems où toutes les parties en étaient liées par des correspo...'ances établies, il déplacerait ou tout au moins modifierait tous les rapports qui existaient entr'elles avant l'époque de cette intrusion politique ; qu'il relâcherait le lien ou dénaturerait le principe de toutes les alliances, et ajouterait un ferment nouveau à toutes les jalousies, à toutes les rivalités qui tendaient sans cesse à les diviser.

En effet, si l'on porte son attention sur le développement successif des progrès de la puissance de la Russie, on verra d'abord que les projets que l'ambition de ses princes leur fit concevoir en Asie, en alarmant la Perse sur son commerce et sur ses possessions septentrionales, et la Porte sur son indépendance, mirent cette dernière puissance dans une position plus difficile à l'égard de la Pologne, plus inquiétante à l'égard de l'Autriche, plus exigeante à l'égard de la Prusse, de la Suède et de la France, et plus onéreuse pour ces trois derniers États. On verra en même tems qu'à dater de près d'un siècle, de nouveaux sujets d'aliénation ont été sans cesse jetés entre le Danemarck et la Suède, par la politique divisante de leur voisin commun; que ces deux États se sont vus presque constamment aux prises avec des dangers nouveaux, d'autant plus alarmans, que leur atteinte était toujours prochaine, que leur effet immédiat était toujours de les désunir, que l'appui dont ils avaient besoin était toujours distant, incertain, insuffisant et tardif. On verra que la Russie, en portant des vues d'envahissement sur la Pologne, par suite du développement progressif et illimité de son système méridional, a, comme nécessairement, engagé la Prusse et l'Autriche dans le partage de ses projets d'accroissement; qu'elle a, par la profession seule de ses prétentions, et plus encore par leur succès, éveillé la cupidité au sein de toutes les grandes puissances, sonné l'alarme parmi les puissances du second ordre, et annoncé aux petits États qu'il n'existait pour eux aucune garantie, et que leur sort dépendait désormais du plus ou moins de facilité que leur incorporation dans un État limitrophe pourrait offrir à un voisin puissant pour rectifier la balance de sa prépondérance relative , et compenser pour lui les inconvéniens d'une usurpation éloignée.

De là tous les liens de patronage, de fédération, de confiance , ont été successivement relâchés et dissous. Les principes du droit ancien , l'équilibre des intérêts généraux, ont fait place à des calculs fortuits, à des combinaisons accidentelles, à l'appréciation des forces d'une coalition projetée. Le signal a été donné à toutes les ambitions ; les alliances entre les forts sont devenues des transactions casuelles ; les alliances du fort au faible sont devenues, pour l'un , un titre d'oppression ou de manque de foi , pour l'autre , une loi de dépendance tout à la fois humiliante et ruineuse. Tels ont été les effets de la première cause de désorganisation que j'avais à développer : je passe à la seconde.

Je ne dois pas dire par quels degrés les successeurs d'un prince qui ne prit qu'une part subordonnée aux négociations de la paix de Westphalie, qui écrivait avec respect aux négociateurs de l'une des principales puissances, et à qui ceux-ci refusaient dans leurs lettres le titre d'*Altesse*, sont parvenus à s'élever au premier rang, et à conquérir la prééminence qu'ils exercent depuis soixante ans dans la sphère de leur influence politique : ce tableau appartient à l'histoire du siècle qui va finir, et l'un des grands-hommes qui, par son courage et son génie, a le plus contribué à consommer ce grand et rare ouvrage de la sagesse, de l'énergie et de la persévérance réunies, a pris soin, pour l'intérêt de sa propre gloire, d'en faire connaître les résultats et les moyens. Mais en prenant ce changement au période moyen où ses progrès ont commencé à devenir sensibles, il ne sera pas difficile d'observer la part considérable qu'il a eue dans la désorganisation générale des rapports politiques établis au milieu du siècle dernier.

La paix de Westphalie avait pour objet d'accorder deux intérêts qui, bien qu'ils soient connus sous les dénominations religieuses d'intérêt protestant et d'intérêt catholique, n'en furent pas moins essentiellement combinés sur des vues d'indépendance et de pouvoir, et sur des mesures dont le but était d'assurer l'une et de limiter l'autre. Sous ce rapport, la France ne craignit pas de se déclarer protectrice et garante des droits du parti protestant ; et les obligations qu'elle contracta par cette garantie, eurent l'effet de lui assurer en Allemagne une importance que la plus grande partie des États germaniques étaient intéressés à lui conserver ; mais la formation d'une puissance nouvelle au sein d'un Empire dont les membres comptaient sur le patronage de la France, en rendant ce patronage moins nécessaire, altéra bientôt les rapports de fédération, de bienveillance et de secours qui attachaient le corps entier de l'Empire germanique à la tutelle indispensable de la France. L'établissement de cette puissance nouvelle au sein de l'Allemagne fut favorisé par toutes les circonstances, et secondé par les vœux de tous les membres indépendans de la confédération germanique ; mais il était facile de prévoir que cette puissance une fois formée aurait des intérêts qui lui seraient propres, qui différeraient souvent, et souvent seraient ennemis des intérêts de la confédération : de là deux sources d'altération dans la combinaison des intérêts généraux de l'Empire. L'intervention de la France fut moins recherchée dans les démêlés survenus entre le chef de l'Empire et ses membres. Les membres indépendans de l'Empire furent conduits, par les causes qui avaient éloigné cette intervention, à compter davantage, pour la conservation de leur indépendance, sur l'amélioration et sur l'emploi des moyens locaux et des forces effectives; et de ces changemens de dispositions est résultée, dans la progression du tems, une suite de conséquences également importantes. 1°. Les démêlés entre l'Empire et ses membres ont donné lieu à de plus fréquentes guerres. 2°. La France est devenue presqu'étrangère aux intérêts de l'Empire germanique, et l'Empire germanique est devenu presqu'étranger aux intérêts de la France. 3°. Les débats sur la constitution de l'Empire n'étant plus interprétés par un tiers, ont été résolus par la violence et par l'accord ou la volonté des plus forts. 4°. La confédération protestante a perdu jusqu'au nom qui indiquait une communauté d'intérêts et de droits, et, s'individualisant sous le nom de la puissance dont le patronage avait remplacé celui de la France, n'a plus été connue que sous le nom du parti de la Prusse. Je ne développerai pas un plus grand nombre de conséquences : les résultats qui existent et ceux qui n'existent pas encore ressortent visiblement de celles que je viens d'exposer.

Mais il . . . une extrêmement saillante par son o. . . , t extrêmement importante par la latitu. . . ses effets, que je ne puis omettre. La Prusse, dès le début de son élévation, n'avait et ne pouvait acquérir des ressources territoriales proportionnées à l'ambition de ses princes : s'élever pour les conquêtes et par les conquêtes aurait trop dévoilé sa tendance à s'agrandir : elle adopta cette maxime, mais elle la dissimula sous les formes plausibles d'un système de perfectionnement de tactique militaire et de thésaurisation qui excita d'abord plus d'émulation que de crainte, et qui fut aussi fatal à ses voisins par son attrait comme exemple, que par ses succès comme moyen de puissance et d'agrandissement. Dès-lors tous les princes de l'Europe semblèrent croire que l'or ne circulait dans leurs États que pour enrichir le fisc, et que la nature ne produisait des hommes que pour qu'on en fît des soldats : la thésaurisation et le recrutement devinrent la double manie de tous les gouvernemens : dans les mains de la plupart des ministres, la thésaurisation ne fut que la chimère des Danaïdes ; mais le recrutement fut une réalité ruineuse qui surchargea tous les États de l'Europe, violenta les ressorts de toutes les administrations, rendit insupportable à tous les peuples le joug des autorités qui pesait sur eux, multiplia les prétextes de faire la guerre, disposa les princes à en rechercher les occasions, leur donna des facilités pour les rendre plus générales, plus durables, plus sanglantes, et prépara enfin la désorganisation politique, dont la guerre de la révolution a été le dernier et un des plus importans résultats.

Il me reste à indiquer les conséquences de la troisième cause de désorganisation, que je me suis proposé de développer. Mais avant d'entrer dans l'examen des résultats de cette troisième cause, je crois devoir prévenir l'interprétation trop étendue qu'on pourrait donner à l'expression que j'emploie pour rendre compte des désordres que toutes les trois ont apportés au système politique de l'Europe. Le mal que l'influence de ces causes a fait n'appartient essentiellement ni à leur nature ni à leur concours. Je n'ai voulu blâmer ni la participation de l'Empire de Russie dans les affaires de l'Europe, ni la prépondérance acquise de la Prusse sur le nord de l'Allemagne, ni les progrès prodigieux que l'industrie de quelques peuples a fait faire au commerce et à la navigation dans le cours de ce siècle; je n'ai pas voulu dire que le reproche de la désorganisation des rapports politiques de l'Europe devait peser sur les ministres, les princes et les gouvernemens qui ont coopéré à ces événemens, et qui en ont su tirer parti pour leur grandeur personnelle ou pour l'avantage de leur pays. La source du désordre n'est pas dans les événemens et dans les ressorts qui les ont préparés, mais dans l'imprévoyance, l'inattention ou l'impéritie des puissances, qui n'ont rien fait pour adapter à leur position les circonstances nouvelles que ces événemens devaient faire naître : la source du désordre est dans l'indiscernement des hommes d'État, qui n'ont pas vu que, dans un droit public préexistant, les élémens de concert, de fédération et de concours qui s'y trouvent, donnent toujours aux États qui ont des intérêts communs à défendre et qui savent discerner ces intérêts, assez de moyens de prévenir à tems tout accroissement de puissance qui pourrait altérer l'harmonie de leurs rapports, ou de faire concourir cet accroissement au maintien de cette harmonie, sans qu'il soit besoin de recourir aux moyens violens des guerres incertaines et ruineuses.

Ces hommes d'État ont cru que la force valait mieux que la politique, que le courage était au dessus de la sagesse : ils ont cru qu'il était au dessous d'eux de réfléchir avant de se décider pour les partis extrêmes, que la guerre était un plus noble moyen de conserver ses droits que les négociations; ils n'ont écouté que la voix de la défiance, de la jalousie, de la vanité; et pour arriver enfin à la vraie source du mal, ils se sont plû à se faire une idée monstrueuse de la prééminence de la France : ils ont méprisé les conseils de sa diplomatie : ils ont dédaigné son appui; et quand ensuite, par l'effet de leurs imprudentes combinaisons, ils ont vu que des États, dont leur imprévoyance aveugle avait favorisé, comme à plaisir, le rapide accroissement, étaient devenus des rivaux redoutables par leurs prétentions, et des voisins dangereux par l'infatigable activité de leurs vues, ils s'en sont pris à la France de leurs dangers et de leurs pertes, comme si la France avait pu les protéger quand ils dédaignaient son appui et méconnaissaient la sagesse de ses conseils, comme si elle l'avait dû quand le tems était passé où ses conseils et ses secours eussent pu leur être utiles.

Une discussion approfondie sur tous ces objets n'appartient pas au but que je me suis proposé. Je conseille seulement à ceux qui voudront vérifier ce que je viens de dire,

d'étudier l'histoire des tems où les premiers
anneaux de la chaîne des rapports qui liaient
les États de l'Europe ont été rompus : ils verront si la France n'a pas toujours dévoilé à
tems à ses amis les secrètes vues des princes
qui projetaient de s'agrandir aux dépens de
ceux-là même qu'ils avaient l'adresse d'associer à leurs vues; si, à dater du commencement de ce siècle, la France n'a pas été constamment, par son inattaquable position, intéressée à l'équilibre, à l'immutabilité des
rapports existans ; si ce n'est pas contre son
gré, malgré ses efforts même, que tous les
changemens survenus en Europe ont eu lieu
au détriment des uns, à l'avantage des autres.
Cette idée est la seule qu'il entre dans mon
sujet d'indiquer : elle m'en écarterait si j'in-
sistais sur les développemens qu'elle présente :
je me hâte d'y rentrer.

Les premiers développemens du système
maritime et colonial en Europe datent de la
découverte du Nouveau-Monde. Les progrès
de ce système se divisent naturellement en
deux époques : la première, qu'on peut appeler
de découvertes et de conquêtes lointaines ;
la seconde, de culture, de commerce et de
puissance. On en verra bientôt naître une
troisième si l'on ne s'empresse de la prévenir

venir par de grands et courageux efforts , celle de la domination d'une seule puissance maritime, et de la dépendance ou de l'asservissement de toutes les autres.

La première époque est un des plus brillans accessoires de l'histoire des quinzième et seizième siècles. Elle présente des entreprises hardies, des expéditions aventureuses et héroïques, des scènes remarquables de courage, de barbarie, de rapacité; mais ces événemens eurent peu d'influence sur l'organisation générale de l'Europe : ils furent étrangers à sa politique, et ce n'est que par les résultats partiels qu'ils eurent sur la décadence de l'Espagne et la destinée de la Hollande, qu'ils se lient aux événemens de la seconde époque, sur laquelle je dois plus particuliérement m'arrêter.

Cette époque date du milieu du siècle dernier. Ce fut seulement alors que les gouvernemens de l'Europe, trop peu clairvoyans pour apercevoir l'influence funeste que la recherche de trésors lointains avait eue sur la prospérité de l'Espagne, trop avides pour ne pas ambitionner le partage du gain que le commerce de l'Inde procurait aux Hollandais, se livrèrent à des projets plus ou moins étendus sur les spéculations coloniales. Ils

tournèrent leurs vues vers la mer : ils s'attachèrent à l'idée séduisante d'attirer dans le sein
de leurs États de riches importations , d'en
alimenter à la fois , et le fisc par les droits
de douane, et l'industrie par une nouvelle
source de circulation. Cependant, avant le
traité de Westphalie, ces vues nouvelles
étaient encore en perspective; toutes les puissances maritimes de l'Europe, à l'exception
de l'Angleterre, intervinrent dans les longues
négociations qui préparèrent cet important
traité , et rien de relatif aux intérêts maritimes n'y fut discuté. La circonstance seule
de l'absence de l'Angleterre dans des débats
où toute l'Europe était intéressée , où tous
les autres gouvernemens étaient parties , et
où l'intervention anglaise fut de bonne heure
écartée comme un incident superflu et de peu
d'importance, suffit pour prouver que dans
ce tems la politique continentale était tout,
et le système maritime rien.

Alors cependant l'Angleterre avait une
marine, un commerce de mer , une riche et
active navigation : elle avait eû des flottes ,
des amiraux habiles ; elle avait gagné des
batailles navales ; mais quand don Juan dé-
truisit la flotte ottomane à la bataille de
Lépante , quand les vents dispersèrent la

grande armée qui devait conquérir l'Angleterre, les mers étaient couvertes de vaisseaux :
il y avait des navigateurs célèbres, des flottes
redoutables, un commerce de mer, et cependant il n'y avait pas encore de système ; il n'y
avait pas encore eu de guerre proprement
maritime.

Le véritable fondateur du système maritime, le véritable auteur des guerres maritimes de l'Europe fut Cromwel. Ce sombre
conjurateur, ambitieux autant que méfiant,
et à qui toute idée de complot et de violence
devait plaire, considérant la position isolée
de l'Angleterre, et le caractère à la fois actif
et tenace des hommes qui l'habitent, conçut
l'idée de constituer leur industrie dans un
état permanent de conspiration et de guerre
contre toutes les industries, de séparer à
jamais leurs intérêts des intérêts de l'Europe,
de les lancer seuls dans une carrière où le
bénéfice du premier essor ne devait laisser à
leurs rivaux que le désavantage d'une concurrence tardive et mal concertée : il pro-
clama l'*acte de navigation*, et par cette mesure hardie et décisive il plaça le commerce
de sa nation dans une position constante d'i-
nimitié et de jalousie à l'égard du commerce
des autres peuples.

Quand cet acte fameux n'aurait eu pour résultat que celui d'imprimer un mouvement général d'émulation , une impulsion vigoureuse et une direction uniforme au commerce anglais , il eût beaucoup fait pour la prospérité de l'Angleterre ; car alors l'Europe était livrée à des guerres sans fin , à des rivalités politiques , dont les peuples , dont les princes même devaient retirer peu d'avantages ; mais l'acte de navigation eut des résultats d'une bien plus haute importance.

Cet acte était certainement offensif par ses injonctions impératives ; et si toute notion de droits et d'intérêts commerciaux, si tout sentiment de dignité n'eussent pas manqué aux hommes qui gouvernaient alors en Europe, les entraves locales dont il faisait une loi à tous les peuples, eussent excité soit des réclamations énergiques, soit des interdictions, qui, considérées comme mesures de représailles, eussent été aussi efficaces que justes, et auraient annullé de fait tous les avantages que l'Angleterre se flattait de retirer de son système prohibitif : mais ce système n'excita l'attention de personne, on n'attira à l'Angleterre que des réclamations tardives ; et les Anglais eurent dès-lors lieu de penser qu'aucun des peuples de l'Europe ne s'opposait à ce qu'ils s'ingérassent seuls dans la législation générale de la mer. De là la première source des prétentions qu'ils ont osé depuis déclarer, de là une des premières causes de ces senti-mens de fierté que la nation dans ses actes, et les individus dans leur conduite privée, ne craignent pas de manifester aux nations étrangères qui n'ont encore rien fait pour les réprimer.

Un second effet de l'acte de navigation en Angleterre a été d'unir indissolublement la puissance de l'État et l'intérêt commercial de la nation, le premier au second, par les fruits d'une riche et abondante perception de taxes d'industrie; le second au premier, par l'assurance d'une protection signalée : de là cette constante étude dans le gouvernement, de découvrir, de cultiver, de favoriser tout ce qui peut étendre la sphère des spéculations commerciales, augmenter leur activité, éloigner l'étranger du partage de leurs produits; de là le soin constant d'élever au sein de la nation l'intérêt commercial, la considération commerciale, l'influence commerciale au dessus de toutes les influences, de toutes les considérations, de tous les intérêts ; de là aussi le dévouement du commerce aux vues de puissance et d'agrandissement du gouver-

nement qui le protège, et par l'ascendant
que le commerce exerce sur toutes les autres
professions; de là le dévouement irréfléchi
de la nation anglaise à toutes les vues de son
gouvernement.

Par suite de cet accord, on a vu, dans
toutes les spéculations commerciales, le nombre, le concert et la force, toujours et dans
toutes les branches de l'industrie et dans
toutes les parties du Monde, associés pour
écarter, écraser la concurrence des négocians
européens isolés, désunis, mal protégés, et
ayant à lutter seuls contre une corporation
riche de ses moyens, de son crédit, de ses relations étendues; plus riche encore de la confiance qu'elle a dans la direction et l'emploi
des forces qui se sont consacrées à sa défense.

Par suite de cet accord, on a vu encore
le gouvernement anglais, calculant à la fois,
et sa position qui le mettait à l'abri de toutes
les ambitions continentales, et les ressources
qu'il peut retirer des subsides de son commerce, coordonner les vues de sa politique
à toutes les vues d'extension, de progression
et d'invasion du commerce national; chercher, dans tous les motifs de discorde qui
peuvent désunir les États du continent, des
occasions de les mettre aux prises pour les

affaiblir; se faire partout des droits à des préférences commerciales; former des engagemens dont les développemens et la durée dépendent uniquement de sa convenance; s'entremettre dans tous les démêlés politiques pour les aigrir; s'immiscer dans toutes les fédérations pour les dissoudre; faire peser successivement sur toutes les parties de l'Europe le poids de ses secours; y altérer sans cesse le système des rapports existans; y faire naître de fausses combinaisons d'intérêt et de puissance; y créer un équilibre partiel, éphémère et opposé aux principes de l'équilibre général; se jouer enfin successivement de la faiblesse et de la puissance, de l'ambition et de la sagesse, de l'union et de la discorde des grands et des petits États, en irritant à propos les passions du moment, en abusant des besoins, des dangers, des alarmes du moment, en profitant de la discordance d'une multitude d'intérêts presque tous opposés, pour faire prévaloir, par la persévérance et l'uniformité de ses poursuites, un intérêt toujours distinct, toujours présent à ses yeux, celui de sa puissance rivale de toutes les puissances, et celui de son système commercial, rival et dominateur du système commercial de tous les pays.

Ce tableau peut être considéré comme une récapitulation historique des offenses d'un gouvernement et des griefs de tous les autres. Cependant je puis dire avec vérité que, comme les deux tableaux qui précèdent, il a été fait sans amertume et sans aucune vue de ressentiment. Dans l'histoire des usurpations politiques, le tort des injures reçues doit se partager entre les offenseurs et les victimes : et tout peuple qui tolère une injustice, mérite de plus graves reproches que celui qui s'en rend coupable. On doit d'ailleurs reconnaître que les nations qui s'agrandissent ne font que céder à cette impulsion expansive que la nature a imprimée à tous les êtres animés, soit qu'ils agissent individuellement, soit qu'ils se concertent pour agir avec l'énergie d'une activité et d'une volonté collective. On peut dire encore que l'Empire russe, inconnu à l'Europe au tems où elle fonda son droit public, n'était astreint à aucune de ses stipulations, qui ne pouvaient engager que les parties contractantes ; que la Prusse était neutre et passive à l'époque où le traité de Westphalie détermina les rapports politiques que les négociateurs de Munster et d'Osnabruck établirent ; que l'Angleterre enfin fut dédaignée dans les négociations de ce tems. Ces trois puissances ne se sont donc pas écartées des règles du droit naturel, en contrariant celles d'un droit politique auquel elles furent étrangères : aux États seuls par qui et pour qui ce droit fut fondé appartient le tort de n'avoir pas perfectionné les ressorts de l'équilibre politique qu'ils étaient intéressés à maintenir, quand l'ouvrage de sa conservation leur imposait des obligations plus difficiles à remplir; de n'avoir pas prévu que l'influence étrangère de deux nouvelles puissances ne pouvait s'établir au milieu des rapports qui les unissaient, sans apporter une grande altération dans l'ensemble de ces rapports ; de n'avoir pas senti qu'une puissance, auparavant subordonnée, ne pouvait s'agrandir au sein d'un système politique une fois organisé, sans occasionner autour d'elle un déplacement et des réductions dommageables à ses voisins; enfin d'avoir mal apprécié ou de n'avoir pas même entrevu l'influence que la création d'un nouveau système militaire et le développement d'un système maritime et colonial auparavant très-restreint, devaient prendre, dans la progression des tems, sur la situation intérieure et relative, sur les ressorts de la puissance, sur la richesse enfin et l'indépendance de tous les États dont la destinée serait de rester indolens et stationnaires, ou de s'engager sans discernement et sans prudence dans les progrès du développement général.

Au reste, je n'ai eu d'autre objet que de signaler les changemens qui sont survenus en Europe, dans la combinaison des rapports de la politique, par la correspondance des rapports de la navigation et du commerce : je n'ai voulu incriminer aucun gouvernement ni aucun peuple; je me suis contenté d'exposer les effets et d'indiquer les causes. La marche graduelle de ces causes et de ces effets dans le cours des deux siècles de l'histoire moderne, les plus féconds en grands événemens, si elle était développée dans un grand détail et avec l'attention toujours suivie de montrer l'action immédiate de chaque cause, et de faire voir que, soit par la tendance isolée de chacune d'elles, soit par le concours de toutes, le résultat actuel et immédiat de cette tendance et de ce concours devait toujours être d'introduire, dans le système politique de l'Europe, un principe constant d'inquiétude, de versatilité et d'agitation; cette marche graduelle, dis-je, ainsi analysée, serait l'objet d'un travail du plus grand intérêt et de la plus haute importance : il conduirait à la découverte des

vérités les plus intéressantes pour la puissance
des États et pour la prospérité des peuples; il
ferait sentir aux moins clairvoyans, combien,
jusqu'à ce moment, on a été loin de connaître
tout ce qu'il faut de sagacité pour déterminer
les bases de l'équilibre politique qui doit balancer les devoirs et les droits respectifs d'un
grand nombre d'États inégaux en force et en
relation plus ou moins immédiate les uns à
l'égard des autres, tout ce qu'il faut de constance et de sagesse pour maintenir cet équilibre, tout ce qu'il faut de fortes et heureuses
circonstances pour le rétablir quand une fois
il est rompu; il montrerait enfin, en mettant
en opposition ce que tous les États de l'Europe ont fait depuis un siècle, avec ce qu'ils
auraient dû faire, qu'il est moins dans l'intérêt de chaque puissance d'étendre son système militaire, son système maritime et son
système administratif, que de le perfectionner; que la règle du développement de ces
trois systèmes n'est pas autant dans la connaissance du besoin momentané qui s'en fait
sentir, que dans celle des moyens qu'on est
assuré d'avoir, et de la solidité ainsi que de la
durée de ces moyens; qu'à cet égard chaque
gouvernement est non-seulement intéressé à
ne pas s'écarter de la règle, mais encore qu'il

doit veiller à ce que ses voisins, ses amis, ses
rivaux ne s'en écartent pas plus que lui ;
qu'une puissance alliée, en préparant sa propre
ruine, attente aux droits que ses amis ont au
bénéfice de son secours ; qu'une puissance
rivale, en outrant le développement de ses
moyens militaires, administratifs et maritimes,
acquiert pour un tems la faculté de nuire,
se met en état de faire ressentir aux autres les
effets de sa supériorité acquise, et de leur faire
supporter les inconvéniens et les frais du système vicieux et exagéré qu'on lui a laissé
adopter ; que, dans de tels cas, le remède
n'est pas dans un faux et dispendieux principe
d'émulation imitative, mais dans un concert
entre toutes les puissances, qui ne doivent pas
souffrir que, nulle part, l'état de paix serve
à préparer des moyens d'oppression, qui doivent s'entendre pour que chaque gouvernement se tienne dans les bornes de ce qu'exige
une défense légitime ; qui doivent enfin, dans
les tems calmes et de bonne intelligence, sur-
veiller, avec autant de jalousie les unes chez
les autres, les recrutemens, l'augmentation
des troupes de terre, l'accroissement des impôts, la thésaurisation, etc., que les puissances maritimes en témoignent sur les projets d'armement, de construction et d'expé-

ditions, qui toujours ont été entr'elles un objet de réclamations, d'explications et d'apologie.

Je laisse à d'autres le soin de se livrer à ce travail avec toute l'attention que son importance exige.' Quant à moi, je n'avais besoin que de faire connaître la véritable origine des changemens que le droit public de l'Europe a subis depuis cent cinquante ans. Je ne puis suivre même indicativement les détails de ces changemens : l'enchaînement et le récit de ces détails appartiennent à l'histoire du siècle qui va finir ; mais en revenant et en s'arrêtant à l'événement qui en a été le couronnement et le dernier terme, je veux dire à cette guerre générale, acharnée et impolitique autant qu'injuste et irréfléchie que tous les États ont presque simultanément déclarée à la France, j'ai lieu de croire que les considérations que j'ai développées serviront à convaincre les hommes capables d'observation, que cette guerre ne fut irréfléchie que parce qu'elle fut un résultat forcé de la position incertaine et fausse dans laquelle tous les États de l'Europe, à l'époque de la révolution française, se sont trouvés les uns à l'égard des autres ; qu'elle a été générale, parce que les mêmes causes agissaient partout de la même manière ;

qu'elle a été violente, parce que tous les gouvernemens étaient, sous les rapports admi- ,
nistratifs, militaires et politiques, dans une
attitude également contiainte; qu'elle n'a eu
aucune uniformité de direction, parce qu'elle
ne pouvait avoir d'objet commun; qu'elle est
enfin difficile à terminer, par cela même qu'aucune vue de fédération, qu'aucun motif tiré
d'un intérêt général, qu'aucun principe de
droit public n'ont présidé à son entreprise.
Ces observations deviendront encore plus sensibles à l'esprit de quiconque saura comparer
la marche individuelle de chaque puissance
avant et pendant la guerre de la révolution.
Il n'aura pas de peine à voir que si les longues méprises qui leur ont fait méconnaître à
toutes les véritables intérêts de leur puissance,
servent à expliquer la dernière détermination
qu'elles ont prise à l'égard de la France , les
résultats de cette détermination jettent à leur
tour un jour éclatant sur la fausse route que
leur politique a depuis long-tems suivie ; qu'ici
les erreurs sont devenues plus sensibles, et
par leur exagération, et par leur universalité ;
qu'il était encore permis de s'abuser sur le
libre arbitre, sur l'indépendance, sur la clair-
voyance des gouvernemens , quand on ne
portait son attention que sur les fautes d'un

seul ; mais que, lorsqu'on a vu toute l'Europe combattre pour son équilibre contre la France, la seule grande puissance qui depuis cent ans ait sans cesse fait des sacrifices pour le maintenir , quand on a vu toute l'Europe appeler au secours de cet équilibre l'Angleterre, la Russie et jusqu'à la Turquie ; quand on a vu toute l'Europe seconder les efforts de l'Angleterre pour détruire la puissance maritime de la France ; quand on a vu la Prusse se joindre à l'Autriche pour attaquer la puissance française ; quand on a vu tous les États de l'Empire voter un quintuple contingent, et donner à la Maison d'Autriche toutes les marques du zèle le plus ardent et du dévouement le plus aveugle ; quand on a vu l'Espagne débuter pour ainsi dire la première dans une guerre déclarée contre sa plus indispensable alliée ; quand on a vu la Hollande courir à sa perte , et s'exposer, comme de plein gré, à l'alternative certaine, ou d'être opprimée par ses amis, ou d'être envahie par ses ennemis ; quand on a vu les États d'Italie invoquer pour ainsi dire avant le tems, par des insultes sans motifs , par des intrigues sans objet , tous les fléaux d'une guerre qui devait les bouleverser , les ruiner , les asservir ; quand on a vu enfin le peu d'États à qui la neutralité a été permise, jouets de leur faiblesse et de leurs craintes, perdre, dans les vacillations d'une politique peu franche et peu décidée, tout l'honneur d'une impartialité courageuse et tous les avantages d'une position tranquille, il n'a plus été permis de se dissimuler que depuis long-tems il n'existait plus en Europe aucune maxime de gouvernement, aucun lien fédératif, aucun principe constant de politique et de conduite; que les faibles étaient à la discrétion du plus fort; que les forts étaient les jouets du plus habile; que toutes les têtes étaient fascinées de je ne sais quel principe de développement, qui n'est en soi qu'une exagération d'efforts ruineux, violens et mal habiles; que toutes les mains étaient garrotées par la misère; que la banqueroute était aux portes de tous les gouvernemens, et qu'une seule puissance qui, par son commerce, soutire les produits de l'industrie générale; qui, par son fisc, attire à elle tous les bénéfices de son commerce; qui, par sa situation isolée, est dispensée de déployer aucun courage, de dépenser des hommes à la guerre, de craindre les invasions; qui, par la nature tout-à-fait distincte et propre à elle seule de ses intérêts, n'a besoin d'avoir ni alliés ni amis; que cette puissance,

sance , dis-je , était seule en position de se réjouir des calamités générales, et d'en faire tourner les résultats à son profit.

Si ces conséquences sont senties , comme j'ai lieu d'en être convaincu ; alors les Français pourront considérer leur révolution sous un point de vue plus étendu , et les étrangers sous un point de vue plus grand et plus juste qu'ils ne l'ont fait jusqu'ici. Les uns et les autres verront que ce terrible et mémorable événement, considéré hors de ses suites intérieures et sociales , a été le premier résultat de l'impulsion d'un puissant mobile politique qui depuis long-tems portait son action sur l'ensemble de l'organisation générale de l'Europe; que ce premier mouvement, se communiquant , avec la violence qui lui était propre, à tous les ressorts de cette organisation, a mis le peu de forces qui leur restait à une dernière épreuve ; que de cette forte et inévitable commotion est résultée la dissolution complète d'un système incohérent, mal cimenté , usé par le tems; que la révolution française a ainsi rendu à tous les gouvernemens le service éclatant de leur apprendre que les germes d'une anarchie politique avaient été jetés en Europe par les mêmes causes qui avaient jeté en France les germes

C

de l'anarchie sociale; qu'immédiatement avant
la révolution, le droit public n'existait qu'en
apparence ; que la révolution n'a fait que
signaler avec éclat sa destruction , et que le
plus important de leurs devoirs , comme le
plus grand de leurs intérêts, est de se livrer
incessamment , et de concert, au soin de le
recréer.

CHAPITRE II.

Considérations générales sur la situation relative de la France.

Je me propose de considérer la France sous le double point de vue de sa position relative et de ses rapports intérieurs , en la prenant à l'époque où j'écris.

J'examinerai d'abord sa situation à l'égard de ses alliés, à l'égard de ses ennemis, à l'égard des neutres. Je passerai ensuite au dé·veloppement de l'aspect social , économique et constitutionnel qu'elle présente aujourd'hui. J'en tirerai le tableau de ses richesses matérielles, de ses moyens financiers, de ses ressources morales, et j'opposerai ce tableau aux fables que de ridicules pamphlets répandent en Europe, pour prolonger, au gré des gouvernemens qui les commandent et qui les paient, le rêve fastueux de leurs espérances et la chimère de notre lassitude et de notre épuisement.

Au commencement de la guerre actuelle, la situation relative de la France à l'égard de l'Europe , était extrêmement simple : elle n'avait point d'amis ; toute l'Europe était armée contr'elle. Mais la combinaison des rapports respectifs de tous les États qui s'étaient unis pour la détruire, était extrêmement compliquée. Cette union sans principes s'était formée sur la dissolution de tous les rapports antérieurs ; et c'était du sein d'une guerre violente, dont l'objet ne pouvait être commun à tous, que devaient sortir les règles d'un nouveau droit public , un nouvel équilibre de puissance , de nouvelles garanties enfin pour assurer et perpétuer la conciliation des droits et des intérêts généraux.

La simplicité des rapports qui alors constituaient l'état relatif de la France, ne pouvait durer long-tems. La France devait bientôt périr ou triompher.

Dans le premier cas , elle était destinée à subir la loi d'un démembrement arbitraire , ou à plier pour jamais sous les vicissitudes d'une grande variété de dépendances , acquittant , tantôt envers un des États qui auraient contribué à l'asservir , tantôt envers l'autre , la dette onéreuse de sa servitude , tributaire de ceux qu'elle se serait vue forcée de nommer ses libérateurs , et condamnée à la guerre ou à la paix , selon que le plus puissant d'entr'eux aurait trouvé plus convenable à ses intérêts de lui faire acheter chérement un repos passager , ou de l'engager dans ses querelles.

Dans le second cas , la France rentrait d'elle-même dans la chaîne de ses anciens rapports : mais elle y rentrait par une voie glorieuse, et avec l'obligation et les moyens d'en corriger les imperfections, de dévoiler à l'Europe l'abolition effective et consommée par la violence de toutes les règles de l'ancien droit public , et d'appeler, soit individuellement, soit collectivement, tous les gouvernemens à s'entendre avec elle, pour le recréer et le fonder sur des bases plus conformes à l'état de l'Europe et aux rapports réels qui existent entre ses parties.

La France n'a pas laissé long-tems ses ennemis dans l'incertitude de sa destinée. Elle a suivi l'impulsion de son énergie : elle a résisté ; elle a fait plus, elle a triomphé. Mais n'eût-elle fait que se préserver , sa résistance suffisait pour que l'Europe se vît placée dans la nécessité de recomposer son droit public , que des alliances monstrueuses, que des projets de démembrement et de partage , que le mépris de toutes les lois , de toutes les maximes fédératives avaient anéanti. Les victoires, les conquêtes des armées françaises n'ont fait aucun changement au problême ; seulement elles ont donné à la France le droit de prendre une part active et puissante dans la combinaison de ses données et dans le calcul de sa solution.

Tous les aspects de la situation relative de la France se trouvent dans la solution de ce problême, que je vais présenter ici sous trois points de vue différens.

Faut-il un droit public à l'Europe ? Avant la guerre en existait-il un ? En existe-t-il un aujourd'hui ?

Faut-il un droit public à l'Europe ? Le droit public, entre des nations qui sont les unes à l'égard des autres dans des communications de voisinage ou de commerce, se compose de rapports, sinon permanens, au moins parfaitement constatés. Ces rapports expriment les droits et les devoirs de chaque État; ils assurent à tous des moyens connus et autorisés de préserver, de cultiver les élémens de leur richesse et de leur puissance ; ils ouvrent devant chacun d'eux une carrière libre au développement de leurs facultés ; ils empêchent le fort d'intimider le faible, et garantissent les sages de la turbulence des insensés.

Tous les États, hors ceux qui sont tourmentés de la passion aveugle de s'agrandir, sont intéressés à l'existence d'un tel système de sûreté commune et de garantie mutuelle : mais nul n'est porté par de plus puissans motifs que la France, à en desirer l'établissement et la permanence. Toutes les sources de sa prospérité sont dans son sein. Une fois circonscrite dans les limites qu'elle a toujours lo pouvoir et le droit de réclamer pour sa sûreté future, elle n'a dans la paix d'autres vœux à former que celui de sa durée, et la guerre ne peut avoir pour elle aucun attrait de profit, d'orgueil ou de puissance. N'est-elle pas assez riche des inépuisables produits de son sol et de son industrie ? Et en s'arrêtant particuliérement au moment présent, les souvenirs de ce qu'elle a fait, pour lutter contre les maux intérieurs qui l'ont si long-tems déchirée sans pouvoir fatiguer sa constance, pour braver l'attaque presque simultanée de toutes les grandes puissances de l'Europe, ne suffisentils pas à sa fierté ? Quant à sa puissance, la France sait trop que des acquisitions sur-ajoutées à celles qu'elle vient de faire, et qu'elle est fondée à conserver, serviraient moins à l'accroître qu'à l'affaiblir.

Cette donnée n'a pas besoin d'être développpée : elle est depuis long-tems établie sur un grand ensemble de faits qui datent des plus anciennes époques de l'histoire de l'Europe. Louis XIV fut le premier monarque français qui, par la hauteur et l'éclat de ses prétentions, affaiblit cette confiance presqu'immémoriale qu'on avait partout dans la modération pour ainsi dire inhérente aux principes et aux dispositions habituelles du gouvernement de la France. Un siècle de guerres soutenues par elle depuis le règne de ce prince, pour des causes étrangères à son intérêt, je dirai presqu'un siècle de sacrifices faits pour donner la paix à ses alliés, à ses amis, à ses ennemis même, n'a servi qu'à faire ressortir avec éclat cette impartialité désintéressée. Il faut ajouter que le gouvernement français, libre aujourd'hui de tout engagement de famille, et en mesure de faire un usage éclairé et réfléchi de son discernement quand la paix fera reprendre à la France le cours de ses communications suspendues par la guerre, et celui de ses penchans et de ses habitudes politiques rompues par la violente commotion qui a brisé tous les liens qui l'unissaient à l'Europe, présente plus de garantie que jamais contre les dangers de son inconstance ou les méprises de son ambition.

Mais si, les droits de la France une fois

assurés, les États de l'Europe n'ont rien à redouter d'elle, il n'est aucune autre grande puissance à l'égard de laquelle il leur convienne de s'endormir dans la même sécurité. Il en est d'inquiètes pour ainsi dire par essence, parce que leur pouvoir est établi sur des bases dont l'étendue et la solidité ne sont pas proportionnées à l'exercice qu'elles ont besoin d'en faire. Il en est d'ambitieuses par principe de prudence, parce qu'elles ne peuvent se garantir que par un développement exagéré de leurs moyens. Il en est dont les États manquent de continuité, et qui, avec de grandes forces, sont vulnérables dans quelques points de leur territoire, comme si elles n'étaient que des puissances du second ordre. Il en est enfin dont les ressources immenses, mais distantes, incertaines et mobiles, sont puisées dans un système d'activité qui s'étend sur toute la face de l'Univers, qui pénètre partout, qui porte partout les fermens d'une émulation inquiète et d'une concurrence jalouse. Pour toutes ces puissances, et contre chacune d'elles, il faut un système qui trace d'une manière précise les démarcations géographiques, l'étendue des devoirs, la limite des droits. Il faut que les lignes circonscriptives soient clairement exprimées ; il faut que chacun puisse aperce-

voir l'extension, et même en prévoir l'entreprise avant d'en ressentir le dommage. Il faut
en même tems un système qui indique à tous
les gouvernemens de l'Europe les véritables
circonstances de leur position relative, qui
leur apprenne quels sont les peuples que la
nature de leurs rapports leur signale comme
amis, comme ennemis, comme neutres; qui,
dans le calme de la paix, les empêche de voir
du même œil les progrès ou la décadence de
tel ou tel État; qui, dans la guerre, les mette
en garde contre les erreurs d'une indifférence
irréfléchie, et les préserve des méprises d'une
prédilection mal éclairée..... Il faut donc un
droit public à l'Europe.

Avant la guerre existait-il un droit public?
Avant la guerre les élémens du droit public
étaient confus, incohérens, discordans et toujours près de se dissoudre. Cependant le système du droit public n'était pas entièrement
détruit. Par lui des discussions que la faiblesse, que la justice n'ont pas toujours pro-
voquées en vain, ont souvent prolongé la durée de la paix, ont souvent mis un terme plus
prochain aux fureurs de la guerre; par lui les
infractions que la violence faisait subir aux
droits individuels, ont quelquefois été répa-
rées conformément à ses principes; par lui

l'ambition des puissances qui primitivement n'étaient pas intervenues dans sa formation, a été souvent obligée de soumettre à des règles les progrès successifs de leur accroissement ; par lui la Prusse, en substituant en Allemagne son patronage à celui de la France, a été excitée à remplir les obligations politiques de ce patronage; par lui la Russie, en portant sur l'Europe des vues d'invasion, a été plus d'une fois forcée de les modifier par un système de subdivision qui, sans en corriger l'injustice, obviait au moins à une partie des dangers que ces vues faisaient courir à l'indépendance des autres États; par lui enfin l'Angleterre a vu échouer jusqu'à ces derniers tems le projet le plus cher à son inimitié, celui de détruire le système maritime de l'Europe, en détachant de la France la politique de toutes les puissances littorales, en excitant contr'elle la haine aveugle de toutes les autres nations. Ce projet, l'ame, l'unique et persévérant objet de toutes les mesures de sa diplomatie, n'a pas entiérement réussi au gré de ses espérances. Mais entre le tems où elle était obligée de déguiser ce projet sous mille prétextes plus ou moins plausibles, et celui où elle n'a pas craint de le manifester ouvertement, entre le tems où le succès d'un tel projet était hors de toute vraisemblance, et celui où l'accession de toutes les grandes puissances lui a donné une grande apparence de probabilité, il y a une différence qui ne peut se marquer que par l'existence et la non existence d'un système de droit public.

Je puis donc conclure que si, au période inattendu où les ennemis de la France ont réussi à conjurer l'Europe entière pour détruire le seul contrepoids qui soit capable de garantir son équilibre continental et maritime, le droit public n'a plus existé, il existait encore au période antérieur où aucun d'entr'eux n'eût osé encourir la réprobation universelle en manifestant une telle pensée.

Existe-t-il aujourd'hui un droit public en Europe ? Telle est la troisième question que j'avais à examiner. Je crois l'avoir suffisamment développée dans le chapitre précédent ; je crois l'avoir résolue dans l'examen que je viens de faire de la seconde question. La guerre de la révolution a fini l'ouvrage de cent cinquante années d'imprévoyance, d'impolitique, d'aveuglement. Après avoir redouté sans motifs ou sur des motifs exagérés l'ascendant de la France, après avoir long-tems ensuite dédaigné le bienfaisant appui de son influence, on s'est fait pendant

trente années un jeu de sa dégradation politique, on s'est accoutumé à se passer du secours tutélaire de sa prépondérance; et quand
ensuite la politique d'une nation qui n'a jamais rencontré d'obstacle sérieux à ses vastes
projets de domination exclusive, que la puissance française a été assez favorisée par des
circonstances inattendues, pour mettre ouvertement en question si la France existerait
ou n'existerait pas, l'Europe entière s'est
armée pour former contre la France une ligue
aussi atroce qu'insensée, et de ce moment il
n'a plus existé de système de droit public.

Je n'ai pas besoin de discuter ici toute la
variété des vues qui firent entrer dans cet
étrange concert la gér⸱⸱⸱alité des États dont
se composa la première coalition anti-fran-
çaise. C'est moins aux vues des coalisés que
je m'arrête, qu'aux impressions violentes qui
les entraînèrent. Or, je déclare, et personne
ne me contredira, que les États faibles furent
déterminés par le sentiment irréfléchi de leur
faiblesse, que les États forts furent emportés
par l'impulsion d'un ou deux gouvernemens
instigateurs, et je conclus que l'accord général qui résulta de l'action et du concours
de ces puissans ressorts, doit être moins considéré comme une cause que comme un symp-

tôme de l'entière abolition de tout principe,
de toute maxime, de toute règle de droit politique au moment où cet accord se mani-
festa : car à quoi servent les règles, les principes, les maximes de ce droit, sinon à garantir les faibles, à réprimer les forts, à
préserver les uns du malheur de concourir,
en dépit de leur volonté, à des entreprises
dangereuses pour leur indépendance, et à
mettre un frein salutaire à l'aveugle et ambi-
tieuse impétuosité des autres.

J'ai dit plus haut que l'Europe était aujour-
d'hui placée dans la nécessité de recréer son
droit public, et que tous les points de vue
divers de la situation relative de la France se
trouvaient dans la solution de ce problême.
Je dois ajouter qu'une partie de l'Europe a
déjà été amenée par la France à sentir cette
nécessité, et que de cette résipiscence heureuse et du rapprochement qui en est résulté entre quelques États et la France, on a
déjà vu sortir les premières bases d'un nouveau code politique, qui n'a plus besoin que
de ses derniers développemens et de la sanction d'une paix générale, pour servir de
sauve-garde aux uns, de contre-poids aux
autres et de règle à tous. . . . . .

Les traités formés par la France, la

Hollande , l'Espagne , la Suisse et quelques
États d'Italie présentent à l'examen des publicistes , un des aspects les plus importans
de ce nouveau droit public. Ils donnent les
bases du système défensif et fédératif de la
France. Ils vont servir à nous faire connaître
notre situation relative à l'égard de nos alliés
et de nos amis. Les traités formés directement avec le roi de Prusse, et indirectement
avec la partie septentrionale de l'Empire ,
nous donneront la situation relative de la
France à l'égard des États neutres. Les traités
faits avec la Maison d'Autriche et avec quelques princes du Midi de l'Allemagne nous feront apercevoir dans les causes et les motifs
des événemens qui ont détruit ces traités, les
rapports principaux de la position relative
de la France à l'égard de ses ennemis.

Je vais me livrer au développement de ces
trois aspects de notre situation.

CHAPITRE III.

Situation relative de la France à l'égard de ses alliés.

Quand on veut trouver les vrais rapports qui existent entre les États, ce n'est pas dans des liens fortuits et passagers ni dans ces combinaisons incertaines et partielles que l'ambition ou la peur inspire, qu'il faut les chercher. Ces rapports se trouvent et ne se trouvent que dans un accord d'intérêts défensifs, dans la connaissance et le sentiment d'un besoin mutuel d'assistance, dans une parité de relations qui recommandent l'usage constant de la même surveillance contre les vues, les projets et les prétentions des mêmes ennemis. Hors de ces données, on ne voit que des engagemens forcés que la tyrannie de quelques États peut bien chercher à dissimuler sous le nom usurpé d'alliance, mais auxquels les faibles ne souscrivent qu'en attendant que les circonstances leur fournissent l'occasion et les moyens de s'en affranchir. Tels sont les engagemens que la guerre actuelle a fait former par les ennemis de la France.

France. Telles furent encore un grand nombre d'alliances auxquelles, dans le cours des guerres précédentes, des circonstances mal appréciées donnèrent naissance en Europe, et qui ne survécurent pas à ces circonstances.

La France a eu dans tous les tems, des rapports fédératifs. Elle s'est souvent méprise dans le choix et sur l'objet de ses alliances ; mais il n'existe pas un grand État qui ait moins d'écarts de ce genre à se reprocher. Toute son histoire ne présente qu'une suite d'engagemens formés dans la vue de conjurer des dangers réels , et non-seulement ses propres dangers, mais souvent ceux qui menaçaient l'Europe entière , et toujours les dangers auxquels étaient exposées avec elle les nations qu'elle avait le plus d'intérêt à préserver.

A remonter aux tems où les premiers élémens du droit fédératif commencèrent à prendre quelque consistance en Europe , on voit la France se mettre au premier rang des puissances qui s'opposèrent au projet de domination que la cour de Rome entreprenait sans cesse de réaliser sur tous les États chrétiens. A une époque moins reculée , on la voit diriger la résistance que tous les États d'Italie opposèrent au développement menaçant des forces vénitiennes , et mettre pour jamais , par la ligue de Cambrai, un frein à l'ambition d'une république qui dès - lors , par le despotisme de son système maritime et commercial , menaçait d'appauvrir et d'opprimer toutes les nations littorales de l'Europe. Quand depuis, la Maison d'Autriche, par un accroissement de puissance qu'elle dut autant à l'imprévoyance de ses ennemis qu'aux désordres qui les divisaient , eut fait connaître à quel point la liberté du Monde entier était compromise par ses vues d'agrandissement illimité , on vit encore la France au premier rang des États qui cherchaient partout à résister et à se prémunir : elle fut l'ame des confédérations formées pour arrêter cet effrayant essor d'une puissance qui avait des possessions immenses dans les deux Mondes, qui par leur dispersion touchait aux frontières de tous les autres États , qui par ses trésors et ses armées les tenait tous dans une inquiétude perpétuelle sur leur indépendance. La guerre de trente ans et la paix de Westphalie mirent fin à cette inquiétude, et prouvèrent aux amis et aux ennemis de la France , que sa politique n'était dirigée que par des vues d'intérêt général et de garantie commune.

J'aime à me reporter souvent vers cette grande époque de courage, de justice et de concorde, parce qu'elle renferme des instructions propres à tous les tems, et plus particuliérement applicables au tems présent.

La France alors, comme aujourd'hui, eut à soutenir une guerre acharnée contre les États les plus puissans de l'Europe, et fut en même tems en proie aux dissentions civiles. Elle lia à la cause de ses intérêts celle des nations faibles et opprimées. Elle choisit ses alliés parmi les seuls peuples libres qui existassent dans ce tems en Europe. Elle s'éleva au dessus des préjugés religieux comme des passions politiques; et catholique et monarchique, elle embrassa la défense du protestantisme et de l'insurrection. Elle éprouva toutes les vicissitudes de la fortune, se vit plusieurs fois et en même tems aux prises avec l'anarchie, et à la veille d'une invasion ennemie. Elle eut à souffrir de l'indolence, de l'ingratitude de ceux qui avaient des intérêts communs avec elle, de la trahison de ses généraux, du découragement intérieur et du désordre de ses finances. Elle eut souvent à soutenir seule le fardeau de la guerre, et cependant elle porta ses armes en Espagne, dans les Pays-Bas, en Italie et au sein de l'Allemagne. Elle triompha partout; elle conquit la paix; et le traité qui en stipule les conditions, dépose à jamais de sa fidélité envers ses amis, de sa justice envers les neutres, de sa générosité envers ses ennemis. Elle ne réclama pour elle un accroissement de territoire, que parce qu'il était nécessaire à sa sûreté. Elle assura la défense de ses frontières en Allemagne et en Italie : mais le Portugal et la Hollande furent affranchis du joug de la Maison d'Autriche, et l'indépendance de la Suisse fut enfin reconnue. La Suède, la plus utile alliée de la France, fut placée au rang des puissances prépondérantes ; la liberté des cultes fut mise au nombre des droits primitifs qui appartiennent à toutes les nations, et l'intolérance religieuse, ce grand prétexte de l'ambition des princes, fut classée dans le code de l'Europe, parmi les délits politiques, et signalée désormais comme un crime de lèze-humanité et une des plus graves infractions du droit public.

J'ai dit par quelle cause le système politique qui résulta de cette mémorable pacification s'altéra insensiblement, fut souvent ébranlé par les guerres fréquentes de l'ambition, par les guerres plus fréquentes de l'avarice, et finit par succomber sous celle qu'un fanatie.ne auquel il est aussi difficile de donner une dénomination que de lui assigner un objet réel, a suscitée pour le malheur de tous les États.

Celle de ces causes dont l'action porta plus particuliérement sur les rapports fédératifs de la France, et conséquemment sur les rapports fédératifs de tous les grands États de l'Europe, fut l'accroissement du système maritime et colonial. Je place la date de cet accroissement au tems du traité de Westphalie, parce que ce ne fut qu'alors que le développement de ce système s'agrandit et devint sensible par son influence sur la puissance des États et sur les combinaisons de leurs rapports politiques.

A cette grande époque, une force nouvelle d'une activité moins violente, mais plus puissante peut-être que celle du fanatisme religieux, imprima des mouvemens auparavant inconnus à l'organisation sociale des professions industrielles. Les villes littorales s'animèrent d'une émulation qui bientôt ne connut d'autres bornes que celles de l'élément qui les mettait en communication avec le Monde entier : de là de nouvelles sources de jalousie ; de là de nouveaux moyens de puissance ; de là de nouveaux objets d'ambition.

Quelques villes s'élevèrent en peu d'années à un haut degré de prospérité, et par leur opulence intéressèrent les nations dont elles faisaient partie, à la conservation de leurs nouveaux moyens d'accroissement et de richesses. Les villes continentales, les contrées même les plus éloignées des rivages de la mer, se ressentirent des bienfaits de ce changement. L'industrie prit partout un essor nouveau. La fréquence, la rapidité des communications donnèrent une nouvelle règle aux valeurs. Le prix local des productions n'eut plus pour mesure la consommation, la rareté ou l'abondance locales. Dans chaque pays, dans chaque lieu, la proportion des besoins et des produits dépendit des mouvemens du commerce général, et les nations qui attachèrent leur industrie à s'approprier, à cultiver les ressorts qui imprimaient, dirigeaient et animaient ces mouvemens régulateurs, eurent bientôt lieu de s'apercevoir qu'inférieures en territoire et en facultés productives, elles ne tarderaient pas à l'emporter sur les autres, en activité, en industrie, en moyens de richesse et de puissance.

Sans entreprendre de tracer le tableau historique de la part inégale que chacune des nations de l'Europe prit à cette grande révolution sociale, à l'époque où j'en ai placé le premier développement, je ne puis me défendre d'en suivre rapidement la marche, et d'indiquer sa correspondance avec les événemens politiques dans le cours des premières guerres qui troublèrent le repos de l'Europe après la paix de Westphalie. Cette esquisse entre tout-à-fait dans mon sujet. Il m'importe de faire voir comment le système fédératif créé par le traité de 1648 fut mis en opposition avec les circonstances, par les développemens du système maritime, et comment les combinaisons de ce système prévalurent sur les intérêts qui devaient unir les puissances continentales, et changèrent presqu'entiérement la nature de leurs rapports.

Après la paix de Westphalie, l'ouvrage de la pacification générale fut complété par la paix des Pyrénées. Ce ne fut que vingt ans après la première de ces deux époques, que la puissance et la concurrence maritimes se manifestèrent avec quelqu'éclat, et montrèrent toute l'influence qu'elles devaient bientôt avoir sur les affaires du continent.

Dans le cours de la guerre qui fut terminée par le traité d'Aix-la-Chapelle, l'Angleterre, portée par sa jalousie contre l'Espagne, plus riche alors en moyens maritimes que la France, se joignit à celle - ci ; mais les Hollandais , quoique liés d'intérêt avec le Portugal , non encore pacifié avec l'Espagne , travaillèrent à détacher l'Angleterre de la France , et y réussirent. Ils s'unirent à la Suède , et formèrent la triple alliance qui n'était qu'un simple projet de médiation et de résistance éventuelle , et qui cependant suffit pour arrêter la marche triomphante de Louis XIV , et l'obligea de mettre un terme à ses projets et à ses victoires.

La Hollande comptait depuis bien peu d'années parmi les puissances de l'Europe. Elle n'avait qu'un territoire borné et pauvre , et de bien faibles armées ; mais elle était la première des nations maritimes. Je cite moins cet événement comme un trait d'ingratitude , que comme une preuve de l'ascendant que la richesse commerciale donnait déjà aux gouvernemens qui savaient le mieux l'employer à l'amélioration de leurs intérêts politiques.

L'ingratitude des Hollandais fut suffisamment justifiée par la crainte fondée qu'ils avaient des progrès des armées françaises. Mais le tort qu'ils eurent à se reprocher , fut celui de l'éclat qu'ils donnèrent au triomphe de leur politique. Ils firent frapper une mé-

daille , portant pour exergue : *Sic fines nos-
tros tutamur et undas* , et ils joignirent à
cette devise pompeuse l'inscription qui suit :
*Les lois affermies, la religion perfectionnée,
les rois pacifiés, la liberté des mers assurée,
une paix glorieuse acquise par la supériorité de la valeur et des armes , ont déterminé les États de Hollande à faire frapper
cette médaille.*

Cette proclamation fastueuse était bien faite
pour apprendre à tous les princes ce qu'ils
devaient attendre des développemens d'un
système dont ils avaient à peine eu le tems
de mesurer les premiers accroissemens. Cependant ils en comprirent tard le présage ,
et quand, deux ans après la paix d'Aix-la-
Chapelle, la Hollande menacée par les armées
françaises réclama leur assistance, ils s'em-
pressèrent de venir à son aide ; la plus grande
partie de l'Europe s'arma; l'Empereur, l'Empire, l'Espagne, le Danemarck, s'unirent à
sa cause; Charles II lui-même céda à ses instigations ; et telle fut la supériorité que les
richesses de son commerce lui assurèrent, et
sur ses alliés, et sur ses ennemis , que peu
d'années après avoir été envahie, et s'étant
vue forcée, pour échapper à sa ruine, de rompre ses digues et de s'ensevelir sous les eaux ,

elle décida encore une fois du sort de la guerre, et força le monarque le plus hautain de l'Europe , à négocier, à traiter séparément avec une république qui à peine avait un territoire, mais qui, par sa prépondérance maritime, était devenue l'ame de la confédération qui s'était armée contre lui.

Sept années après , une nouvelle ligue se forma contre la France : elle fut préparée par les mêmes instigations. La Suède , le duc de Savoie , l'Empereur, l'Espagne et les principaux États de l'Empire s'unirent encore une fois à la Hollande. Cette époque marque peu dans l'histoire , parce que les négociations furent éventuelles et secrètes : mais elle doit être considérée comme une des plus mémorables de l'histoire du dernier siècle , par le but réel du grand-homme qui présida à cette fameuse association , et par les conséquences qu'elle entraîna.

L'objet présent et direct de ceux qui participèrent aux engagemens de la ligue d'Augsbourg, fut simplement d'assurer l'exécution des traités précédens de Westphalie , de Nimégue et de Ratisbonne : leur politique ne s'étendit pas plus loin. Mais l'objet réel du prince d'Orange, qui en conçut le plan et en dirigea la marche, fut d'occuper la France, de susciter contr'elle une guerre continentale, de l'empêcher de mettre obstacle au projet qu'il avait conçu de se frayer une route au trône de l'Angleterre, d'unir les intérêts politiques de deux États qui devaient être incessamment soumis à son autorité, et de tenir dans ses mains tous les ressorts de cette prépondérance maritime qui avait déjà rendu sa première patrie si dangereuse au repos de l'Europe, et si redoutable au plus ambitieux et au plus puissant de ses voisins.

Deux ans après la ligue d'Augsbourg la guerre fut déclarée. Je n'ai pas besoin d'en décrire les événemens. Toutes les guerres présentent le même tableau de victoires, de revers mutuels et de vicissitudes communes. Mais celle qui finit à la paix de Riswick est la première qui offre une scène également animée sur la mer et sur le continent, des batailles navales rivalisant d'éclat avec celles des armées de terre, et la France luttant seule avec sa marine naissante et pour ainsi dire spontanément créée, contre la marine réunie de la Hollande et de l'Angleterre. Les négociations de Riswick furent aussi les premières où l'on débattit avec chaleur des intérêts coloniaux ; et à la paix qui termina ces négociations, on vit introduire dans le droit public, à la suite des stipulations politiques, des traités distincts de navigation et de commerce, dont auparavant la dénomination était aussi inconnue que leur importance avait été généralement peu sentie.

La guerre de la succession ne tarda pas à être déclarée, et rendit vaines les stipulations conclues à la paix de Riswick. Ici éclatèrent, pour tout observateur instruit, les premiers effets de cette grande révolution maritime qui avait été projetée par le prince d'Orange, et qui rendit dès-lors et a rendu depuis l'Angleterre l'arbitre de la paix et de la guerre en Europe..... Tous les États du continent s'armèrent contre la France : seule, elle eut à soutenir des droits que les lois de l'Espagne et les volontés de son dernier roi venaient d'assurer sur ce royaume à un petit-fils de Louis XIV. Onze années d'une guerre sanglante et générale épuisèrent les ressources, le courage et l'obstination de toutes les puissances belligérantes. Toutes les voies de négociation furent en vain tentées : elles n'aboutirent qu'à embrouiller les discussions et à en éloigner le terme. Une circonstance inattendue fit plus que les conseils de la sagesse, que le sentiment même du besoin que tous les partis avaient de la paix. Une intrigue de cour changea les dispositions personnelles de la reine d'Angleterre ; des démarches habilement conduites l'amenèrent à se rapprocher de la France. Les deux cours méditèrent et arrêtèrent un projet de pacification générale, et ce projet fut imposé à l'Europe, et adopté malgré les réclamations de l'Empereur, de l'Empire, de la Hollande, du duc de Savoie, du Portugal et de l'Espagne.

Il est inutile d'étendre plus loin ce développement. Je suis arrivé à l'époque où l'intérêt continental et l'intérêt maritime commencent à devenir distincts en Europe, où cette séparation mêle aux objets de l'ambition et de la jalousie des gouvernemens, de nouveaux et inappréciables moyens de richesse et de puissance ; où ce changement donne aux États qui peuvent et savent en tirer avantage, une grande supériorité relative sur ceux qui ne sont pas à portée ou qui n'ont pas l'habileté d'en profiter ; où enfin la balance de tous ces avantages passe successivement de la Hollande à l'Angleterre. J'en ai assez dit pour expliquer la grande influence que désormais cette dernière puissance doit exercer sur les rapports politiques de tous les États du continent.

La France sans doute n'eut pas en vue, dans ces premiers tems, de prévenir la fatale

combinaison qui, depuis un siècle, a fait dépendre le repos ou la discorde des nations
continentales de l'ambition et de la turbulence des nations maritimes. Sa prévoyance
sur ce point fut tout aussi bornée que celle
de ses amis, de ses alliés, de ses ennemis
même. Mais en examinant attentivement la
marche des événemens antérieurs, on n'aura
pas de peine à voir que son système fédératif
tendait, à son insu, à conserver l'équilibre
continental qui depuis a été détruit en dépit de
tous ses efforts ; et si l'on veut ensuite comparer les motifs, on trouvera que si la France
ne fut pas plus prévoyante, elle fut au moins
plus modérée et plus juste que ses rivaux.

En effet, quel était, lors de la guerre
de la succession, l'objet de l'ambition de la
France ? Sa sûreté et l'acquisition de quelques
avantages qui ne compromettaient que légé-
rement les intérêts de ses ennemis : et que
voulaient ses ennemis ? La priver de tout appui, détruire entièrement son système fédératif, la dégrader et l'asservir : et quelle a été
la tendance de leur système fédératif ? D'éter-
niser la guerre, de soumettre tout au hasard,
de confondre tous les intérêts, d'aveugler
tous les États sur les dangers réels, de les
mettre tous aux prises avec des dangers ima-

ginaires : et enfin, quelle a été l'issue de tous ces débats de la violence et de la fortune ? L'équilibre des intérêts et des droits politiques a été exposé à toutes les secousses des mouvemens oscillatoires et progressifs de la navigation et du commerce, et la règle de ces mouvemens a été subordonnée à toutes les chances de prospérité qu'une industrie plus active, plus habilement dirigée et plus puissamment protégée devait naturellement procurer à celle de toutes les nations qui, par sa situation isolée, par le caractère avide, calculateur et méthodique de ses habitans, était plus à portée d'en profiter.

Si la fortune avait mieux secondé les vues de la France dans le cours de la guerre qui a commencé ce siècle, ou si une politique plus prévoyante avait éclairé les conseils de ceux qui se coalisèrent contr'elle, que serait-il arrivé ? Le système maritime de l'Europe se fût développé avec plus de lenteur et moins d'éclat; il serait resté plus long-tems subordonné aux intérêts de la politique continentale; ceux-ci auraient trouvé plus facilement dans les traités et dans la recherche des rapports naturels, la règle qui devait les accorder; le système fédératif de chaque puissance aurait pris plus de consistance; la Hollande et le Portugal eussent conservé, à l'égard de l'Angleterre, des vues indépendantes; l'Angleterre n'eût pas changé de gouvernement; la dynastie des Stuards eût été rétablie, et la nation anglaise, moins libre, moins puissante et moins riche, n'eût pas fait payer aussi chèrement qu'elle l'a fait à tous les États de l'Europe, les avantages qu'elle a su tirer de sa prospérité commerciale et de sa puissance maritime.

Cette époque présente, relativement à la France, une scène en apparence semblable, mais réellement inverse de celle du tems présent. Alors toute l'Europe sembla se coaliser pour protéger en Angleterre une révolution de gouvernement, pour la sauver du danger du catholicisme, pour attacher à sa direction et à sa dépendance la puissance maritime de la Hollande et du Portugal. De notre tems on a vu l'Europe se coaliser pour empêcher une révolution de gouvernement en France, pour y protéger l'exercice exclusif du catholicisme, pour détacher de son alliance les nations qui en avaient le plus grand besoin, et pour empêcher que la puissance maritime de la France ne pût balancer la prépondérance exclusive de celle de l'Angleterre. Dans ces deux époques la France est seule en accord avec les maximes générales du système fédératif, avec

les

les principes généraux de l'équilibre politique, et il semble que tous les autres États aient également pris plaisir à s'en jouer. Mais dans le tems présent leur politique est sans excuse.

Lors de la guerre qui assura un changement de dynastie et une amélioration de la constitution en Angleterre, il était permis de se méprendre sur la véritable impulsion, sur le véritable objet de la guerre. Il s'agissait du trône d'Espagne, de la possession des Pays-Bas, de la réunion enfin de tous les États de la branche espagnole de la Maison d'Autriche, soit à la France, soit à la cour de Vienne. Les princes de l'Europe ne voyaient rien au-delà, et les vues du prince d'Orange pouvaient aisément se cacher sous des motifs d'un aussi spécieux et d'un aussi imposant intérêt. Mais aujourd'hui, quelle illusion a pu empêcher les États du continent de voir qu'en détruisant la France, ou même en ne réussissant qu'à l'affaiblir, on ne tendait qu'à subordonner à l'aveugle tous les intérêts du système politique de l'Europe aux mouvemens du système maritime, et les intérêts de tous les États maritimes à la direction à peu près arbitraire d'une seule puissance ?

En tems de paix, les chances de solidité et les épreuves de la bonté du système politique considéré en général, sont toutes dans les combinaisons du système fédératif existant ; et quand la guerre a ébranlé les bases du premier de ces deux systèmes, on ne manque jamais d'en trouver la cause dans les imperfections du second ou dans le désordre qu'on a laissé introduire dans ses combinaisons.

Il n'existe qu'un moyen de prévenir l'action de cette cause perturbatrice ; c'est de constituer le système fédératif sur de bons principes, et de rapporter à ces principes la réforme devenue indispensable du système général des alliances européennes.

La recherche de ces principes n'est ni longue ni difficile : ils sont simples et peu nombreux. Je les réduis à deux : 1°. Toute alliance doit avoir pour objet, dans la paix, de garantir la permanence des rapports existans, et dans la guerre, de concerter la défense de ces rapports contre les entreprises de l'ennemi commun. 2°. Toute alliance doit avoir pour objet, dans la guerre comme dans la paix, de garantir les intérêts politiques du continent de l'ascendant exagéré des intérêts maritimes.

Il ne s'agit plus que de rapporter à ces principes le système des alliances existantes.

Dès le commencement de la guerre, les ennemis de la France constituèrent leurs rapports fédératifs sur un vaste plan d'agrégation et de direction des forces de toutes les nations continentales et maritimes contre un seul État. Par suite de ce plan, l'Espagne, la Hollande, l'Italie, l'Allemagne et l'Angleterre s'engagèrent dans une guerre commune : le Danemarck, la Suède et les États-Unis furent appelés à s'y associer : la Russie, la Turquie et les États barbaresques s'y laissèrent entraîner ; et le zèle de cette espèce de propagandisme se porta jusqu'au point de chercher à susciter dans l'Inde et à la Chine de nouveaux ennemis au peuple contre lequel tant de gouvernemens croyaient nécessaire de se liguer. Jamais sans doute on ne vit se former sur la terre une aussi universelle et une aussi gigantesque association. Mais, je le demande, peut-on appliquer aux vues d'une telle entreprise les principes de fédération que j'ai exposés ? Peut-on affirmer que les hommes qui méditèrent et accomplirent en grande partie cette immense combinaison de rapports offensifs, eurent en vue des intérêts généraux, des intérêts communs ? Peut-on dire qu'ils voulurent séparer les droits des nations continentales de ceux des nations maritimes , mettre un frein et assigner des limites à l'ambition des unes , assurer une garantie à l'indépendance des autres ? Peut-on enfin , en portant ses regards sur l'avenir, se promet... que ces rapports inopinément, inconsidérément tissus , seront susceptibles de quelque permanence , qu'ils survivront à la confusion et à la violence qui présidèrent à leur formation , qu'ils sont capables de tracer à chacune des puissances qui se sont collectivement engagées , une route sûre pour arriver à une paix solide, honorable et également avantageuse à toutes ? Je ne pense pas que ces questions puissent être l'objet d'un doute. Les exposer , c'est énoncer les réponses et la réprobation qu'elles provoquent.

Nul homme de bonne foi ne contestera que ces rapports sont , par leur nature , par la contradiction de leurs motifs, par l'incompatibilité de leurs diverses tendances, impraticables , ou tout au moins inconsistans et précaires ; qu'ils sont essentiellement en opposition avec les principes qui doivent servir de règle à toutes les alliances ; que par cette opposition ils n'ont eu qu'une existence illusoire , et ont été improprement nommés fédératifs ; que les nations qui se sont armées

contre la France, n'ont jamais été alliées ; que
leurs engagemens n'ont été que nominalement
mutuels ; qu'elles ont enfin également méconnu, en les contractant, la nature de leurs
droits, celle de leurs devoirs, celle de leurs
intérêts ; et les écrivains qui se sont voués
à la défense de leurs gouvernemens, et ces
gouvernemens eux-mêmes, ont tellement senti
combien leurs maximes étaient différentes
des maximes reçues, combien leurs principes
s'éloignaient des principes généralement re-
connus, que ne trouvant pas dans le vocabu-
laire politique une expression qui fût propre
à désigner l'association monstrueuse qu'ils
avaient formée, ils se sont vus forcés d'imaginer une dénomination nouvelle, et d'appeler *coalition* ce que l'histoire plus complétement sincère signalera du nom de conspiration contre l'indépendance d'une seule nation, ou de celui d'une abjuration solennelle
et concertée de toutes les règles du droit
public.

La France a-t-elle mieux connu ces principes ? et ses récentes alliances sont-elles plus
conformes aux règles qu'ils établissent ? La
solution de ces deux questions est aisée. La
France est rentrée, sans qu'il y ait eu de choix
de sa part, et conséquemment sans qu'elle ait

pu être exposée à faire sur ce point aucune méprise, dans le système traditionnel de ses anciennes alliances. Elle y est rentrée par une suite naturelle du succès de sa résistance. Elle a reconquis son système fédératif en travaillant uniquement à conserver son indépendance politique ; et le tems en a déjà sanctionné la bonté, puisqu'on peut compter dans le nombre d'années qui ont servi à cette épreuve, non-seulement celles qui se sont écoulées depuis l'époque du renouvellement de ses alliances, mais encore toutes celles qui suivirent l'époque de leur première formation.

La France, il faut le dire, a rempli avec autant de difficulté que de gloire une tâche qui n'avait encore été imposée à aucune nation. Elle a été dans la nécessité de dissoudre, les armes à la main, toutes les alliances qui avaient été contractées au mépris de ses droits : elle s'est vue forcée d'arracher ses alliés à des engagemens qui étaient aussi contraires à leurs obligations qu'à leurs intérêts : elle a ainsi recueilli pièce à pièce les différens débris de son système fédératif, et dans cet usage qu'elle a su faire de sa supériorité militaire, elle a tout à la fois fait preuve de discernement et de libéralité. Il était en son pouvoir de bouleverser l'Espagne, d'envahir la Hollande, d'incorporer l'État de Gênes ; elle a préféré les alliances aux conquêtes, et a compris que, sans système fédératif, il n'y avait dans la puissance, ni justice, ni garantie, ni espoir de durée.

Ce que la France a fait en Italie dans le cours de l'an 7, ce qu'elle a fait en Suisse, a été mis en discussion et jugé avec une rigueur que, dans ces tems d'usurpation et de violence, nul gouvernement en Europe, et aucun de leurs publicistes, n'ont le droit d'affecter à l'égard de la France. Je suis loin d'approuver les écarts auxquels la politique du gouvernement qui a précédé le 18 brumaire, s'est abandonnée. Ils ont été improuvés dans le tems, par l'opinion publique en France. Mais la tendance de toutes ces mesures a toujours été de fortifier le système fédératif de la république ; aucune vue d'extension, d'incorporation ne s'y est mêlée. Si, à cet égard, les entreprises ont été injustes et les mesures outrées, il faut s'en prendre surtout à l'obstination avec laquelle on n'a cessé de menacer la France, d'aliéner d'elle tous les peuples qui ne s'étaient pas armés pour l'envahir, d'exciter partout contr'elle la susceptibilité, la jalousie des gouvernemens ; d'irriter , de violenter , de dénaturer leurs dispositions ; de lui imposer enfin des limites , des lois et un gouvernement qu'elle était déterminée à ne pas accepter.

Maintenant le champ est ouvert. Le système fédératif de la France est en évidence. Soit qu'on le considère sous le point de vue maritime ou sous le point de vue continental, on trouvera qu'il repose sur des élémens déjà connus , et dont une longue expérience a constaté la bonté. Le but de ce système ne se perd pas dans un vague indéfini de conquêtes; ses vues ne s'allient pas à des projets de destruction, d'incorporation, de démembrement; il n'appelle pas l'Afrique et l'Asie au maintien de l'équilibre de l'Europe , le mahométisme à la conservation de l'orthodoxie chrétienne, et le Nord de l'Europe au soutien de l'indépendance du Midi ; il n'a en perspective que consistance , ordre , justice et stabilité.

Les bases du système maritime de la France sont l'alliance de la Hollande , de l'Espagne, de la Ligurie. L'objet de ces alliances est connu : il ne peut porter d'ombrage à personne, et la France est décidée à défendre de

tous ses moyens actuels et à venir , les droits
et les intérêts communs qui en dérivent. C'est
aux nations maritimes de l'Europe, qui ne sont
pas contentes de la position dans laquelle les
contradictions de leur système fédératif actuel
les place, de choisir entre les inconvéniens
et les avantages de cette position , et les avantages et les inconvéniens que présente le système fédératif de la France. Je n'ai pas besoin
de dire que cet appel s'adresse d'abord à la
Porte, aux Barbaresques , à Naples , au Portugal, et ensuite au Danemarck , à la Suède et
aux États-Unis.

La France a posé les bases fondamentales
de son système fédératif continental. Les
plus prochaines , les plus importantes combinaisons de ce système sont accomplies ; les
autres sont encore en perspective , et cette
perspective ne peut s'apercevoir que dans les
chances de la guerre et de la fortune, et dans
quelque chose qui est plus éventuel et plus
incertain peut - être , je veux dire les dispositions des puissances belligérantes et neutres du continent. Tant que cet état d'incertitude durera, la France trouvera dans
l'énergie persévéramment soutenue de son
système de guerre , et dans une attention

constante à resserrer et à fortifier ses rapports fédératifs maritimes, des moyens suf-
fisans pour se mettre à l'abri de tout danger.
Elle a reconquis l'alliance de la Suisse. Si elle
ne peut autrement étendre les rapports de son
système fédératif continental, elle emploiera le
seul moyen qui, par l'aveuglement des États
qui ont délaissé son alliance, et par l'obstination de ceux qui s'opiniâtrent à une guerre sanglante, est resté à sa disposition. Elle subs-
tituera aux subventions fédératives les subventions militaires; et si les princes méconn-
naissent la voix de l'intérêt qui leur recom-
mande de s'allier à elle, elle s'alliera de fait
aux pays qu'ils seront incapables de défendre, et se fera des auxiliaires de tous les
moyens de subsistance et de défense que
pourra partout lui fournir le territoire que
ses armées occuperont.

Ce sujet est susceptible de plus longs développemens : mais je ne pourrais m'y livrer
sans anticiper sur les discussions qui sont la
matière des chapitres suivans. Les principes
qui servent de règle aux rapports d'alliance,
de guerre et de neutralité, se touchent par
tant de points, qu'on ne peut traiter d'une
de ces trois espèces de rapports sans jeter

un grand jour sur les deux autres. Le complément de ce que j'avais à dire sur la situation relative de la France à l'égard de ses alliés, se trouvera donc dans l'exposition que j'ai à faire des détails de sa situation relative à l'égard de ses ennemis et à l'égard des neutres.

CHAPITRE IV.

Situation relative de la France à l'égard de ses ennemis.

JE crois que des faits précédemment indiqués et de tous les développemens que leur discussion m'a fournis, je puis conclure d'une manière positive, que presque toujours l'impulsion qui porte les États à se faire la guerre, est inconnue aux gouvernemens mêmes qui s'y déterminent ; que presque jamais la tendance ignorée de cette impulsion n'est en accord avec les motifs qui entraînent la détermination des gouvernemens. J'ajouterai que, dans aucune époque de l'histoire des guerres de l'Europe, cette ignorance et cette discordance n'ont été plus sensibles que dans celle de la guerre actuelle ; et j'avancerai, sans craindre d'être démenti, qu'aucune nation n'a discerné les véritables causes de cette guerre, qu'aucune n'a prévu ses suites, et qu'aucune encore ne peut conjecturer aujourd'hui quelle sera son issue.

La Bruyère a dit du peuple, que quand il est dans une situation tranquille, on ne peut se figurer une cause d'agitation assez active pour troubler le calme profond dont il jouit, et que quand il est agité, on songerait en vain à imaginer une cause assez puissante pour lui rendre la tranquillité qu'il a perdue : et cependant, ajoute-t-il, le peuple passe soudainement de l'un de ces deux états à l'autre, et trompe toujours la prévoyance de ceux qui ne croyaient pas à la possibilité d'un tel changement.

L'histoire nous prouve que les gouvernemens sont *peuple*, mais seulement sous le moins avantageux des deux aspects que je viens de présenter : la plus légère cause suffit pour troubler l'état de paix dans lequel ils vivent ; mais quand ils sont en guerre, et que tous les motifs d'épuisement, d'inquiétude et de ruine semblent se réunir pour les presser de mettre un terme à leurs querelles, on dirait qu'une fatalité aveugle captive tout à la fois, et leur discernement, et leur libre arbitre. Les peuples soupirent après la fin de leurs maux, les gouvernemens eux-mêmes sentent le besoin de se rapprocher et de s'entendre, et cependant ils s'obstinent sans cesse à éloigner l'époque des négociations, ou ils se plaisent à les compliquer par des discussions tortueuses et par les plus extravagantes prétentions.

Dans cet état de choses, ce n'est presque jamais la raison, ce n'est presque jamais la justice qui mettent fin aux débats. Le dénouement vient tout-à-coup d'une cause éloignée, souvent frivole et presque toujours inopinée.

Au milieu du siècle dernier, l'Europe entière était en feu ; la Hollande avait soutenu pendant soixante-dix-neuf ans une lutte inégale, mais toujours glorieuse, avec ses anciens maîtres ; l'Empereur, l'Empire et la France étaient accablés sous le poids d'une guerre de trente ans ; l'Italie, l'Allemagne, le Nord de l'Europe et la France avaient été en proie aux discordes civiles, aux dissentions religieuses, et une lassitude générale avait éteint dans les esprits tous les germes de dissention et de discorde. Dans de telles dispositions ; eût-on pensé qu'il fût besoin d'une bien longue négociation pour rapprocher des gouvernemens qui semblaient chercher de concert, les moyens d'arriver à la paix ? Eût-on imaginé que cette négociation se perdrait ; pendant quatre années, en vains et interminables débats ?

Tel est cependant le spectacle que présentèrent alors toutes les puissances ; le tableau des négociations de ce tems est un chaos où

l'esprit se perd à chercher la mesure et la
règle des prétentions de chaque État ; et s'il
y a quelque chose de honteux pour le discernement des hommes qui sont chargés de
gouverner les peuples, c'est de voir qu'après
une guerre aussi acharnée et après un si long
tems donné à la recherche réfléchie des
moyens de la terminer, la seule circonstance
de la descente de quelques régimens français
sur les côtes des États ecclésiastiques, et celle
des querelles qui éclatèrent à Paris entre le
ministère et le parlement, opérèrent plus
puissamment sur l'esprit des négociateurs,
que toutes les considérations tirées de la
situation générale de l'Europe : la paix fut
conclue au moment où on se lassait de l'espérer, et par les causes qu'il était le moins
raisonnable de prévoir.

Si l'on porte le même esprit d'examen sur
l'issue de toutes les guerres qui suivirent celle
de trente ans, on verra que la plupart des
paix qui succédèrent à celle de Westphalie,
furent déterminées par des motifs aussi dis-
proportionnés à l'importance de leurs résultats et par des circonstances aussi peu pré-
vues. Onze ans après le mémorable traité que
je viens de citer, une paix ardemment dési-
rée réunit enfin l'Espagne et la France. La

guerre qui les divisait, datait des commence-
mens de celle de trente ans : l'Espagne n'a
vait pas voulu accéder à la paix de Westphalie ; elle était restée seule en état de guerre,
et, après onze ans d'obstination, Philippe IV
résistait encore aux avances qui lui étaient
faites de la part de la France, quand un événement inattendu triompha de toutes ses ré-
pugnances : la reine devint enceinte ; le roi
d'Espagne ne craignit plus que l'ordre de succession de ses États fût troublé, et les négociations de Bidassoa conduisirent à la paix
des Pyrénées.

On sait que, sans une ruse presque puérile
des négociateurs français à Nimègue, qui
avaient à cœur de préserver les députés hollandais de l'influence et des artifices du prince
d'Orange, la paix de 1678 n'eût jamais été
faite : on se rappelle à quel bizarre incident
la France dut le rapprochement de la cour
de Londres et le bienfait imprévu de la paix
d'Utrecht. Cette pacification termina mal les
querelles qui s'étaient élevées sur l'important
objet de la succession d'Espagne. Ces querelles se prolongèrent, et troublèrent plus de
vingt ans encore le repos de l'Europe; et ce ne
fut qu'à l'événement insignifiant de la mort
d'un vieillard, du prince le moins influent de
son

son tems, du duc Alexandre Farnèse, que l'on dut le rapprochement des principales puissances qui contraignirent l'Empereur de consentir à la paix de Vienne. On dut à la mort de l'empereur Charles VII le dénouement de toutes les difficultés qui arrêtaient depuis long-tems la conclusion de la seconde paix d'Aix-la-Chapelle. On dut enfin à la mort de l'impératrice Élisabeth et à celle de l'empereur Pierre III, qui la suivit de près, la fin de la guerre de sept ans, une des plus sanglantes et des plus savantes de l'histoire moderne.

Ce tableau n'est pas consolant ; il discrédite la politique aux yeux du bon sens ; il ôte tout espoir aux hommes qui voudraient porter aux oreilles de ceux qui gouvernent et désolent le Monde, les réclamations de la justice et les vœux de l'humanité ; il semble prouver que, quand une fois le mouvement est imprimé à ces grandes masses qu'il est si facile de faire mouvoir, qu'il est si difficile de diriger et de retenir lorsqu'elles ont cédé à une impulsion violente, le discernement humain ne sert plus qu'à chercher les moyens les plus sûrs de nuire, qu'à trouver ceux d'aggraver, d'étendre le mal et d'en perpétuer la durée, et que le pouvoir d'y mettre

un terme n'appartient plus qu'à la fortune ,
qui, comme le génie des poètes tragiques, fait
presque toujours sortir d'un incident jusqu'a-
lors inaperçu , la catastrophe qui décide de
la destinée des acteurs.

A quel incident imprévu est-il réservé de
mettre fin à la guerre qui accable aujourd'hui
l'Europe entière, et qui étend ses ravages jusqu'aux extrémités de l'Univers ? Je ne sais ;
mais quels que soient la force et le concours
des exemples que j'ai cités , je ne puis me
résoudre à croire que , dans les affaires hu-
maines, l'empire de la raison s'affaiblisse toujours dans la proportion de l'importance de
leur objet et de l'élévation des hommes qui
ont la charge de les diriger. Je ne cesserai
jamais d'espérer que d'aussi grands intérêts
que ceux qui recommandent aux gouvernemens d'observer de sens froid toutes les circonstances de leur position , et de se déterminer sur la juste appréciation de ces circonstances, seront enfin sentis, et qu'ils ne laisseront pas à un événement fortuit , tel que la
mort accidentelle de tel ou tel prince, de tel
ou tel ministre, ou à un méprisable incident,
tel que le succès ou la disgrace d'une intrigue
de cour , ou enfin à quelque terrible catastrophe, telle que celle d'une révolution sou-

daine opérée par l'impression trop prolon-
gée des calamités de la guerre , l'honneur
d'établir en Europe un véritable équilibre politique, de fonder un droit public conforme
à la correspondance de la situation des intérêts et des droits de chacun d'eux , de cal-
mer des passions turbulentes et haineuses, et
de mettre enfin un terme à l'effusion du sang
humain.

Si les exemples d'un passé déjà éloigné
portent à désespérer du pouvoir de la raison
humaine, ceux d'un passé récent et qui se
lie pour nous au présent, ne servent-ils pas
à prouver que les plus violentes commotions
et les mouvemens perturbateurs qui en sont
la suite, quelles que soient la force et l'étendue de leur influence, ne résistent pas à une
impulsion sagement, vigoureusement imprimée, soutenue du concert de quelques hommes énergiques et habiles, et coordonnée
aux impressions morales de l'ascendant et du
crédit d'une grande renommée ? Quel spectacle présentait la France il y a un an ? Quel
spectacle présente-t-elle aujourd'hui ? et par
quels ressorts a-t-elle passé du chaos à l'ordre,
d'un état d'atonie sociale, du sentiment profond de ses dangers et de sa faiblesse, à la
confiance de ses forces, à l'espoir de l'accom-

plissement de ses destinées ? Les effets frappent tous les yeux, et les causes ne sont pas assez loin de nous pour qu'il soit nécessaire de les signaler à l'attention publique. Que les gouvernemens de l'Europe réfléchissent sur la similitude de leur situation politique, avec la situation morale et constitutionnelle où se trouvait la France il y a un an ; qu'ils jugent s'il n'est pas possible, s'il n'est pas d'un succès facile d'opposer aux haines des partis, les intérêts réels de ceux qui les composent ; si le résultat naturel des associations passionnées n'est pas l'impuissance à résister, et le danger permanent d'une dissolution toujours prochaine ; si la sagesse ne conseille pas mieux que la discorde, et si le bonheur dont la France jouit et dont ils peuvent jouir comme elle en repoussant, à son exemple, les instigations étrangères, en se calmant pour être plus sages, en s'unissant pour être plus forts, ne vaut pas mieux que l'état violent et presque convulsif où les placent les contradictions, l'incohérence et la désorganisation de leur système fédératif, de leur système administratif et de leur système de guerre ; et si le désordre des rapports qui les lient les uns aux autres ne suffisait pas pour les éclairer sur les dangers de leur positiòn, qu'ils portent leurs regards sur toutes les circonstances de la position de la France. Ils ont vu combien était belle la perspective des développemens de son sytème fédératif; ils verront sans peine combien est bonne la perspective des développemens de son système de guerre.

C'est ce système que je vais expliquer, et d'abord je dois prévenir que j'écarte de cette discussion le tableau des forces actuelles et actives de la France, l'énergie morale de leur organisation, la correspondance savante de leur distribution sur tous les points d'attaque et de défense : c'est à leurs ministres, c'est à leurs généraux à leur apprendre s'ils pensent que la France soit en mesure de se maintenir dans le redoutable appareil de résistance et d'agression qu'elle présente à l'Europe depuis le moment où, se dégageant des entraves qui captivaient tous ses mouvemens, elle a remis ses destinées dans les mains de celui qui avait lui-même une grande destinée à remplir. Que ces ministres s'ils sont sincères, que ces généraux s'ils sont clairvoyans, leur disent quel aspect présentent la France et ses armées depuis qu'un même esprit les anime, depuis que dans les camps, dans les campagnes, dans les villes,

l'opinion publique se forme des mêmes impressions de courage, de grandeur, de confiance; depuis enfin que, voyant les mouvemens militaires et ceux de l'administration de
l'État dirigés dans les mêmes vues, et cette
direction confiée aux mêmes mains, on a pu
dire de la vaste combinaison de nos forces
précédemment désorganisées, ce qu'un poète
célèbre a dit de la terre sortant du chaos:

Mens agitat molem, et toto se corpore miscet.

Ce développement trouvera sa place ailleurs : il appartient au tableau des ressources
morales et matérielles de la France. En trai-
tant ce sujet, je ne l'envisage ici, ni sous un
point de vue administratif, ni sous un point
de vue de tactique militaire. Par système de
guerre, j'entends seulement la suite et l'ensemble des principes politiques qui dirigent
une nation dans ses vues d'attaque et de défense, et les différentes alternatives de fédération et de neutralité qui forment à ses yeux
la perspective de ses rapports futurs avec les
États contre lesquels elle est actuellement
armée.

Les principes politiques sur lesquels le système de guerre de la France est fondé, ne sont

pas difficiles à développer ; et d'abord, une considération première simplifie singuliérement l'aspect de ce système : la France, dans les vues qui lui sont propres, n'a pas, ne reconnaît pas d'ennemis naturels ; elle ne desire la ruine d'aucun des États avec lesquels elle est en guerre ; elle veut seulement que des règles préservatrices assurent le maintien et les limites de leurs droits et des siens. Pour bien connaître le système de guerre de la France, il ne faut jamais perdre de vue cette donnée.

Les leçons du passé jettent trop de jour sur les perspectives de l'avenir, et le gouvernement de France est trop éclairé pour ne pas voir que, dans le nombre des États qu'il est aujourd'hui obligé de combattre, quelques-uns, la plus grande partie même, pourront un jour se lier à lui par des rapports plus ou moins intimes ; qu'alors ces États lui apporteront leur concours et réclameront son appui. Or, quand sa sagesse lui fait prévoir de tels changemens, et qu'une foule de considérations contribuent à les rendre plausibles, comment pourrait-il desirer de détruire des ressorts qui, dans d'autres tems, seront susceptibles de recevoir de meilleures impulsions et d'être dirigés dans de plus sages vues ?

Le système fédératif des ennemis de la France doit être dissous, parce qu'il se compose d'élémens discordans, et que sa tendance n'est compatible avec l'existence d'aucun système de droit public : mais sa dissolution n'entraîne pas la destruction des élémens qui servent à le former. Ces élémens doivent être conservés, parce que chacun d'eux, considéré isolément et dans un prochain avenir, peut entrer un peu plus tôt, un peu plus tard dans les combinaisons d'un système non-seulement inoffensif, mais salutaire aux intérêts du système fédératif de la France.

Ce n'est pas que la France, en faisant la guerre, ait en vue de forcer ses ennemis à s'allier avec elle : la France fait la guerre pour détruire des alliances ennemies du repos de l'Europe ; elle fait la guerre pour avoir la paix : mais le premier bienfait politique de cette paix doit être de placer chaque puissance dans une position assez indépendante et assez calme, pour qu'elle puisse voir de sens froid si les motifs de sa sûreté lui recommandent de former des alliances, et quelles alliances sont les plus conformes à ses intérêts.

La France, à cet égard, n'a ni besoin ni motif de prédilection : sans système fédératif, elle a su braver les efforts de l'Europe entière ;

avec un système fédératif très-restreint, elle a résisté à l'inimitié ou à la susceptibilité inquiète et jalouse de l'Europe, de l'Asie, de l'Afrique et de l'Amérique : quand la paix aura mis fin à ce bouleversement de principes et de mesures, ce ne sera pas par la considération des intérêts de sa sûreté, mais par celle des intérêts et de la sûreté des États qui auront besoin de son assistance, qu'elle pourra se porter à étendre en leur faveur la sphère de son système fédératif.

J'avais prévu que je me trouverais naturellement conduit à revenir sur ce sujet. Il est d'un intérêt si étendu et donne lieu à des combinaisons si vastes et si fécondes, qu'il fournirait lui seul la matière d'un long ouvrage. Je ne puis me livrer à tous les développemens qu'il présente : seulement pour écarter tout reproche d'exagération et justifier ce que je viens de dire sur le désintéressement politique de la France dans l'objet final de la guerre qu'elle soutient, je crois devoir ajouter quelques maximes à celles que j'ai exposées ailleurs sur l'esprit et la tendance du système fédératif de la France.

Il y a dans tout système fédératif des alliances de plusieurs natures ; les unes sont nécessaires, d'autres sont de choix. Toutes ont pour objet la sûreté politique de l'État ; mais il en est qui tiennent prochainement et directement à cet objet, et il en est d'autres qui n'y tendent que d'une manière distante et indirecte.

Le système fédératif de la France n'est pas complet, si on le considère dans l'ensemble de tous ses rapports ; mais si l'on y cherche seulement les alliances prochaines et nécessaires à la sûreté et même à la prééminence de la France, on trouvera qu'elles y sont toutes comprises : on trouvera en même tems que la violence qui, au commencement de la guerre, avait rompu le lien de ces alliances, n'a servi qu'à le resserrer et à en faire ressortir plus vivement les avantages.

La France est placée au centre de ses alliances actuelles. Là elle est tout à la fois le point d'appui et le principal levier de l'équilibre qu'elle c   , intéressée à maintenir; car, dans la grande sphère de la correspondance des États, l'équilibre général est d'abord un intérêt un peu chimérique par la presqu'impossibilité de l'établir avec quelque espérance de durée, et ensuite il est d'un intérêt secondaire, parce qu'en politique comme dans la nature, la gravité de l'action et de la réaction, les avantages et les dangers des relations se mesurent par la distance de leur objet.

Il y a en Europe ou du moins il devrait y avoir un équilibre général. Il y a ensuite, dans quelques parties de l'Europe, des équilibres partiels qui se forment de la correspondance des rapports de quelques États placés dans des relations presqu'immédiates les uns avec les autres, comme l'équilibre général devrait se former de la correspondance de tous les équilibres partiels. Les équilibres de cette dernière espèce sont plus faciles à former, et une fois établis ils sont susceptibles de plus de durée. Tels sont l'équilibre politique du Nord, l'équilibre politique de l'Allemagne, de l'Italie et du Sud de l'Europe. C'est au centre de ce dernier équilibre que la France est placée ; c'est à son rétablissement qu'elle a voué ses premiers efforts dans la guerre actuelle, et c'est à ses victoires qu'elle doit la gloire et le bonheur de l'avoir rétabli.

La France ne se doit que secondairement au rétablissement des autres balances partielles ; ces balances sont rompues, et leur dissolution sans doute, par cela même qu'elle rend impossible l'existence de toute balance générale, rend plus difficile et plus onéreux le soin de veiller à la conservation de l'équilibre que la France est parvenue à rétablir. Mais les maux directs et sans nombre qui

résultent de cette dissolution, retombent tous
sur les États qui sont placés dans la sphère
du désordre qu'elle entraîne, et c'est à ces
États surtout qu'il importe de rechercher les
moyens de remédier à ce désordre.

Dans la recherche des moyens de rétablir
l'équilibre partiel dont la France était le principal levier et le centre, elle était commandée
par des règles qui ne laissaient aucune lati-
tude à son discernement, et aucun choix à
son libre arbitre : ses rapports dans le système de cet équilibre local, étant de proxi-
mité, de contiguité, de circonscription géographique, étaient pris dans la nature même.
Des États voisins doivent être éternellement
amis ou éternellement ennemis. Or, dans
l'inégalité de force où se trouve la France à
l'égard de ses voisins, il n'est aucun d'eux
qui puisse et vis-à-vis duquel elle puisse rester dans une longue indécision sur une telle
alternative.

Mais la France se trouve dans une position
toute différente, relativement au rétablissement des autres balances partielles. Les États
qui sont compris dans ces balances n'étant
liés à elle que par des rapports distans, elle
peut hésiter, elle peut choisir, elle peut
s'engager sans consulter d'autre règle que sa

prédilection ou ses convenances actuelles. Il lui importe sans doute de concourir au rétablissement de leur équilibre rompu ; mais sa participation peut y contribuer également, soit qu'elle s'allie à telle ou telle puissance influente dans la sphère de tel ou tel équilibre donné.

Ici son système fédératif se présente sous un point de vue particulier. Sous le premier point de vue, la France est forcée par des considérations qui lui commandent ses déterminations politiques ; ses alliances sont des rapports naturels inhérens à sa position, essentiels à sa prépondérance ; sous le second point de vue, ses alliances sont l'ouvrage de son choix et des circonstances.

Dans un tel état de choses, c'est aux puissances qui dominent et luttent de prééminence dans les diverses sphères des balances partielles que j'ai indiquées, à rechercher la participation de la France ; si elles savent voir de quel danger est pour elles le désordre qui résulte de la dissolution de cette balance, si elles ont à redouter l'accroissement d'une puissance rivale, si elles sont sous une dépendance à laquelle elles desirent de se soustraire, si elles sentent le besoin de s'assurer un puissant appui, c'est à elles à se rapprocher de la France : et ce sont ces puissances que j'ai eu en vue, quand j'ai dit plus haut que c'était moins pour sa sûreté que pour celle des États qui réclament l'assistance de la France, qu'elle est disposée à étendre en leur faveur la sphère de son système fédératif.

Je vais appliquer ces observations à des exemples, et je les prendrai tous dans la liste des États ennemis de la France, parce que l'objet de ce chapitre est principalement d'exposer les vues politiques de la France, relativement à chacun des États contre lesquels elle est armée, et que la perspective de l'extension de son système fédératif se trouve comme un incident dans le tableau des développemens de son système de guerre.

Ainsi, pour commencer par l'État qui a eu le plus à souffrir de s'être éloigné des rapports de la France, si la Turquie craint de se voir réléguée en Asie, dépouillée de ses possessions européennes ; si elle juge que les amis qu'elle s'est faits dans le cours de la guerre actuelle, ne sont pour elle que des associés indifférens sur les dangers qu'ils lui ont fait courir, intéressés peut-être à accélérer sa ruine, et que les Français sont les seuls Européens qui gagnent à son indépendance, qui tirent avantage de sa prospérité ; alors, dis-

je, c'est à la Turquie à réformer son système
fédératif, et à réclamer d'être encore une fois
admise dans le système fédératif de la France.

Mais si la Turquie s'est trop avancée dans
la carrière où un moment de vertige l'a fait
se lancer, si elle est trop près de l'abîme qui
s'est ouvert pour l'engloutir, et si sa perte
ne tient plus qu'à la chance des dangers ou
des inconvéniens qui peuvent être attachés à
l'exécution des stipulations anticipées de son
démembrement, c'est à chacun des gouvernemens qui ont spéculé sur cet événement, à
calculer les suites de l'opposition de la France,
si la France juge que son opposition soit
capable de le prévenir, ou à se faire un appui
de son consentement, si elle pense que le
démembrement de la Turquie soit devenu
inévitable. Dans ce dernier cas, la Turquie
sort des combinaisons du système politique
de l'Europe; mais les rapports de tous les
autres États s'accroissent et se multiplient
dans la proportion de toute l'augmentation
de puissance relative que l'exécution d'un démembrement doit faire acquérir aux États
co-partageans.

Dans l'une ou dans l'autre de ces deux
alternatives, la Russie ne peut pas regarder
comme indifférens à ses vues les rapports

politiques de la France. Soit que la Turquie
doive être pour elle une proie à partager ou
un voisin dont il lui importe de cultiver
l'amitié et de ménager la vieillesse, c'est à
elle à voir si, dans la préméditation ou dans
l'exécution d'un partage, les dispositions de
la France à s'y opposer ou à faire pencher
la balance des avantages de la répartition en
faveur de telle ou telle puissance, ne doivent
être comptés pour rien dans le calcul éventuel
des moyens et des obstacles ; c'est à elle à
voir si, dans le plan plus juste, plus libéral
et plus politique de la conservation d'un empire que sa caducité rend inoffensif, et dont
l'indolence fait passer toutes les richesses dans
les mains plus actives des étrangers et surtout
des voisins qui commercent avec lui, le concours de la France n'est pas préférable, pour
assurer le succès d'un tel plan, à celui de
toute autre puissance européenne.

L'éclat que la Russie a jeté dans le cours
de ce siècle, l'immensité des innombrables
provinces qui composent cet empire, et les
distances qui le mettent pour ainsi dire hors
de la portée des États de l'Europe qui ont le
plus de relations avec lui, semblent défendre
de mettre en doute la sûreté, la durée de
cette puissance et la solidité des élémens
dont

dont elle est formée. Il est cependant vrai
que si, jusqu'à ce jour, elle n'a eu qu'à s'ap-
plaudir de l'esprit d'entreprise qui l'a fait
d'abord intervenir dans les affaires politiques
de l'Europe, et ensuite prendre place parmi
les États prépondérans, elle est loin d'être à
l'abri de tout danger, soit au dedans, soit au
dehors, et de pouvoir, comme la France, se
passer des secours subsidiaires que donnent
les relations d'alliance, ou commander aux
combinaisons qui doivent former le système
des siennes. Ses voisins la craignent et ne
sauraient être ses amis : aucune puissance en
Europe n'a jamais bien sincèrement professé
ce titre, et les alliances qu'elle a contractées,
ont plutôt été des transactions momentanées
pour arranger des différends de concurrence,
que des engagemens de s'unir avec durée pour
défendre des intérêts communs.

La France est peut-être le seul État qui
n'ait aucune raison de craindre la Russie,
aucun intérêt à desirer sa décadence, aucun
motif de mettre obstacle aux progrès de sa
prospérité. Il est vrai qu'elle voudrait que la
Russie mît des bornes au développement exagéré de son influence, et ne répétât plus l'expérience qu'elle a faite de son intervention
active dans une guerre qui, sous aucun point

de vue, ne pouvait l'intéresser : mais ce
vœu même est tout-à-fait dans les véritables
intérêts de la force et de la prospérité de l'empire de Russie.

Jamais cet empire ne sera vraiment puissant qu'autant que son gouvernement s'occupera de modérer ce principe d'expansion
qui l'a porté jusqu'à ce jour à s'étendre sans
cesse au-delà de ses limites, et se livrera uniquement au soin de civiliser les parties éloignées de son vaste territoire, d'en enchaîner
par une bonne administration les portions
trop dispersées, et enfin d'y développer tous
ces élémens de fécondité qui multiplient les
choses, les hommes, et qui ajoutent à la
valeur des unes et à l'industrie des autres.
L'empereur de Russie serait un des princes
les plus puissans, et sûrement le plus sage
de son siècle, s'il substituait à l'inscription
fastueuse que les flatteurs de Catherine II
gravèrent sur l'arc de triomphe de Cherson :
Ce chemin mène à Constantinople, cette devise bien plus glorieuse et plus sensée : *Les
forces de cet empire ne serviront plus désormais à l'agrandir, mais à le gouverner.*

Le comble de la sagesse serait de le res-
treindre, et, en imitant l'exemple d'un des
plus grands princes qui gouvernèrent l'em-

pire romain, d'en diviser la vaste autocratie
en deux empires indépendans qui, réunis par
les intérêts d'un voisinage intime et par les
sentimens qu'inspire une même origine, cul-
tiveraient isolément, l'un, tous les germes de
prospérité que peuvent offrir un sol immense
et fécond, le commerce des nations d'Asie
par la Perse, le commerce de la Chine par
les caravanes; l'autre, tous les élémens qui
forment en Europe la richesse et la puissance
des nations littorales. De ces deux empires,
l'un aurait son siége à Moscow, et l'autre à
Pétersbourg. Le premier lierait directement
des relations commerciales avec les nations
les plus puissantes d'une des plus riches et
des plus industrieuses parties du Monde; ses
relations avec les États européens seraient
indirectes, et il en partagerait le bénéfice avec
le second. Celui-ci, par ses côtes maritimes,
par ses ports, par ses frontières continentales,
tiendrait au système politique et commercial
de l'Europe : tous les deux restreints, mais
bien plus solidement établis sur leurs bases,
avanceraient d'autant plus rapidement dans
cette grande carrière d'accroissement que la
nature ouvre à tous les nouveaux empires,
que cette carrière serait moins indéfinie, qu'ils
verraient mieux le but auquel ils aspirent,

et qu'ils donneraient moins do jalousie et d'ombrage à leurs voisins.

Quoi qu'il en soit de cette idée, qui, mise en avant dans le moment présent, n'est peut-être qu'un conseil plus ou moins plausible, mais qui, considérée dans l'avenir, ne doit pas être prise pour une conjecture chimérique, et sera certainement un jour réalisée, on est fondé à croire qu'aussi long-tems que la Russie existera sous une organisation administrative, disproportionnée à l'immensité de son territoire, sa politique sera incertaine comme les fondemens de sa puissance, qu'elle n'aura aucun projet fixe d'accroissement ; qu'aspirant à s'étendre tantôt vers l'Ouest, tantôt vers le Midi, elle tiendra toujours l'Europe en éveil sur ses vues et sur ses mesures ; qu'elle n'aura jamais de suite dans ses déterminations, qu'elle agira toujours d'après des impressions violentes et soudaines, et que, n'offrant de garantie sûre ni pour ses alliances ni contre ses entreprises, elle n'appartiendra jamais avec consistance au système fédératif des puissances européennes, et entrera toujours ou sera toujours à la veille d'entrer dans les combinaisons de leur système de guerre.

Tous les motifs qui la font comprendre

aujourd'hui dans le système de guerre de la France, sont pris de ce développement. La Russie ne peut nuire ni servir directement à la France : mais son accession à la guerre de sept ans, mais l'histoire de la campagne de l'an 7 en Italie et en Suisse, mais la persévérance avec laquelle cet empire s'est attaché depuis cent ans à harceler la Turquie, mais les craintes qu'il ne cesse d'inspirer au Dannemarck, et les dissentions perpétuelles qu'il entretient en Suède, mais les préférences presqu'exclusives qu'il a toujours accordées au commerce anglais, et qui, en donnant à celui-ci comme par une sorte de privilége, la facilité de s'approprier tous les profits de l'importation des produits russes, lui ont souvent ouvert des communications extrêmement fructueuses dans le Levant et en Perse ; mais enfin la destruction de la Pologne et les secousses que le système fédératif de l'Allemagne a éprouvées par la suite de ses rapports successifs ou simultanés avec toutes les puissances de cette partie du continent ; tous ces souvenirs prouvent que si la France ne peut se lier à l'Empire russe par aucun rapport immédiat, elle est cependant extrêmement intéressée à se tenir à son égard dans une position de surveillance, et à ne jamais perdre de vue que,

par de puissantes diversions, il peut ajouter
aux moyens que ses ennemis ont de lui nuire,
et que, par les combinaisons de sa politique,
il peut parvenir à troubler l'harmonie des
rapports qui l'unissent à ses amis.

Le moyen de changer et d'améliorer cette
nature de rapports entre la France et la Russie,
de faire disparaître jusqu'aux motifs, jusqu'aux
occasions de mésintelligence, est extrêmement
simple, et la France n'y mettra certainement
ni susceptibilité ni exigeance : tout ce qu'elle
desire est dans les intérêts de la Russie autant
que dans les siens.

Que la Russie soit bien convaincue que les
véritables sources de sa prospérité et de sa
puissance sont dans son sein ; qu'elle ne laisse
pas à des facteurs étrangers les soins et les
profits de la culture de ses moyens de richesse ;
qu'elle ouvre ses ports à toutes les nations de
l'Europe ; qu'elle exporte elle-même son superflu et importe les objets de ses besoins ;
qu'elle multiplie ses produits ; qu'elle accroisse
sa population · plus elle sera riche et puissante, moins elle sera tentée de recevoir des
subsides, et de se mêler, sans intérêt pour
elle, aux vues d'un allié avide : en partageant
entre tous les États du continent les avantages
de ses communications commerciales, elle

s'assurera tous ceux de la concurrence, et s'affranchira de l'inconvénient de dépendre des calculs du commerce étranger. Qu'elle acquitte envers les États de l'Europe la dette de sa récente civilisation, et qu'après avoir imité l'exemple de leurs arts, elle leur donne celui de la sagesse, de la modération, de la justice; qu'au lieu d'intimider les États faibles qui l'entourent, elle les garantisse de son appui; qu'elle sente la nécessité de fonder le droit public en Europe, non sur des débris dispersés, non sur des regrets et des hypothèses, mais sur les faits, sur les circonstances, sur les forces réelles et relatives des États, en les prenant tels qu'ils existent. Ces données sont le seul droit sur lequel il soit possible de statuer : tout le reste est extravagance et injustice.

Alors l'Empire russe aura un grand et beau stème fédératif, un juste et redoutable système de guerre; il ne verra pas la France avec des yeux d'inimitié; il n'entrera dans aucune de ses vues de préservation et de défense; il maintiendra l'équilibre du Nord pendant que la France garantira celui du Midi, et leur accord assurera celui de l'Univers entier. La gloire enfin du gouvernement russe sera de ne s'être mêlé aux dernières querelles de l'Europe que pour en mieux connaître la folie, pour s'en retirer à tems, pour y mettre un terme, et de s'être placé, moins d'un siècle après la civilisation de son empire, au premier rang des fondateurs du droit public, des bienfaiteurs de l'humanité et des pacificateurs du Monde.

Je passe aux autres ennemis de la France.

J'ai déjà dit que le développement politique du système de guerre actuel de la France se tirait des derniers traités conclus avec quelques princes et avec le chef de l'Empire. Le traité de Campo-Formio est la base fondamentale sur laquelle il convient de s'arrêter.

Ceux qui ont accusé la France d'une ambition sans mesure, n'ont pas été soigneux d'établir leurs imputations sur des faits. Ils lui ont reproché ses conquêtes : mais ils doivent savoir que les actions de la guerre sont par leur nature, des faits étrangers à ce genre de discussions. Les actions de la guerre constatent la force ou la faiblesse du système militaire des puissances belligérantes ; mais les traités qu'elles proposent et qu'elles adoptent, sont les seuls indices que l'histoire puisse admettre de leurs vues ambitieuses ou de leurs dispositions libérales, et c'est par l'esprit seul de ces traités qu'on peut se faire une idée précise de leur système politique de guerre. La France établirait ses armées sur le territoire entier de l'Europe, qu'on ne pourrait l'accuser d'ambition ; seulement après avoir prouvé la supériorité de ses forces, elle laisserait ses ennemis en doute sur la modération de ses vues, si, après les avoir vaincus, elle ne leur offrait pas immédiatement la paix , ou si elle l'imposait à des conditions qui leur en fissent acheter le bienfait par des clauses onéreuses ou par des sacrifices avilissans.

Les traités que la France a conclus dans le cours de la guerre sont-ils de cette nature ? C'est là qu'est le point de la discussion. Je vais examiner celui qui a terminé la campagne de l'an 5. Ce traité peut d'autant mieux servir à montrer quel est le vrai système de guerre de la France , que le négociateur qui l'a conclu, était alors le premier général de la République, et qu'il en est aujourd'hui le premier magistrat.

Avant que l'Autriche et la France fussent près de se rapprocher et de songer à terminer leurs différends , la France s'était agrandie au Nord, au Nord-Est et à l'Est de son territoire. Elle avait conquis la Belgique, la gauche du Rhin , la Savoie et le comté de Nice. De ces acquisitions, la France n'était comptable, dans ses négociations avec la cour de

Vienne, que pour la Belgique : le reste avait été conquis sur l'Empire et sur la cour de Sardaigne.

- Peu avant les négociations, les armées françaises avaient conquis le Milanais, le Mantouan, l'État de l'Église, les provinces vénitiennes, le Tirol, la Carinthie, etc. et se dirigeaient sur Vienne; elles menaçaient d'envahir toutes les possessions de la Maison d'Autriche.

Dans cette masse immense de conquêtes, les unes consommées, les autres éventuelles et prochaines, quelle est la part que la France se réserva ? La Belgique et les îles vénitiennes. Pour la garantie de cette possession elle fit le sacrifice de toutes les autres : seulement elle stipula pour l'indépendance du Milanais, mais elle céda à l'Autriche une riche compensation pour toutes ses pertes, Venise et les provinces italiennes de cette république.

Quel était alors, quel devait être par suite de ces engagemens le tableau relatif des deux puissances belligérantes ?

L'Autriche avait perdu la Belgique ; mais la Belgique, depuis les troubles causés par les réformes de Joseph II, était devenue une possession difficile et dispendieuse à maintenir : elle avait perdu le Milanais; mais cette

province était séparée de ses États par le territoire de Venise ; elle était ruinée par la
guerre ; elle avait été détachée d'elle par tous
les mouvemens et toutes les passions qui
naissent d'une organisation nouvelle et des
secousses d'une révolution. La puissance de
l'Autriche s'était concentrée et comparativement agrandie : elle avait acquis en Italie une
étendue fertile et bien habitée de quatre cent
vingt-cinq milles quarrés : elle avait acquis
en Dalmatie cent trente lieues de côtes, une
population de quatre cent cinquante mille
habitans, dont une grande partie hommes de
mer ; des ports nombreux, des mines de fer,
des bois de construction , et l'agrégation à
ses États d'une nation active et belliqueuse.

Venise, cette république dont la richesse
et la puissance avaient dans tous les tems fait
ombrage à l'Autriche, n'existait plus : dans
sa décrépitude, elle absorbait encore, avant
sa chute , tout le commerce de l'Italie et du
Levant, par la contiguïté de ses provinces du
Nord avec l'Allemagne , par sa marine dal-
mate, istrienne et albanaise ; par les produits maritimes de la partie littorale de ses
États, par la fécondité de son sol et l'industrie
de ses habitans.

Tous ces avantages avaient été transmis à

la Maison d'Autriche, et dans ses mains ils devaient s'accroître par la correspondance immédiate des relations commerciales de l'Italie avec ses provinces allemandes ; l'Autriche avait le commerce du Danube par la possession de sa source et des nombreuses rivières qui alimentent ce fleuve ; elle avait encore le commerce du Pô par la possession de son embouchure. De ce dernier point, aux rivières navigables qui se jettent dans le Danube, il n'y a qu'une mer qui était devenue autrichienne, et un portage de huit ou dix lieues. Ce rapprochement présente une ligne de communications et de transports faciles, qui part de Turin, traverse l'Italie, l'Allemagne, la Turquie, et aboutit à la Mer-Noire ; la France, par le traité de Campo-Formio, procurait ainsi à son ennemi, outre un vaste accroissement de territoire, la plus riche et la plus directe étendue de navigation fluviale qui existe dans l'Univers.

Ces possessions, considérées sous le point de vue militaire, avaient encore l'inappréciable avantage de simplifier singuliérement le système de défense de l'Autriche, sans diminuer ses moyens d'attaque : la circonscription nouvelle garantissait tous ses États par la chaîne naturelle des Alpes, aboutissant aux lignes de l'Adige et du Pô, et toujours l'Italie restait exposée à ses attaques par les débouchés du lac Garda, et par celui de la Valteline, qui, ouvrant du Tirol sur le Milanais, ne présente guère qu'un obstacle plus souvent politique que militaire à franchir pour arriver en peu de marches jusqu'au centre du Milanais. Dans cet état de choses, la cour de Vienne ne cessait pas d'être au nombre des puissances de l'Italie; elle s'incorporait toutes ses possessions éloignées; son système de limites était plus simple et plus fort, sa prépondérance s'accroissait de tout ce qu'elle avait acquis de moyens de se faire craindre, de la diminution des dangers d'être attaquée et de toutes les facilités qu'elle trouvait dans sa nouvelle position pour menacer l'Italie d'une agression prochaine.

Tel était, tel au moins devait être le tableau de la situation relative de l'Autriche après le traité de Campo-Formio; celui de la situation nouvelle de la France était sans doute favorable à sa puissance; mais une partie seulement de ses nouveaux avantages était prise sur la Maison d'Autriche; la France conservait une portion de ce qu'elle avait acquis; mais ce dont elle se désaisissait était au dessus de ce qu'elle gardait; elle assurait l'existence d'un État indépendant en Italie ; elle garantissait et perfectionnait la liberté de l'État de Gênes ; mais elle ne réalisait pour elle-même aucune prétention en Italie. Il est vrai qu'elle se maintenait dans les possessions que ses armes avaient acquises sur le roi de Sardaigne en-deçà des Alpes, et sur l'Empire en-deçà du Rhin : mais il n'est pas difficile d'établir que ses droits sur ces acquisitions étaient tirés de la nécessité de pourvoir à sa sûreté future, et de rétablir parmi les grandes puissances l'équilibre que l'imprévoyance de l'ancien gouvernement de France avait laissé rompre en Europe depuis plus de cent ans.

Il faut encore une fois se reporter à l'époque du traité de Westphalie, voir quelle était alors la situation relative des grandes puissances, redescendre au tems présent et observer quelle énorme différence, au désavantage de la France, présente la comparaison de ses accroissemens avec ceux de tous les autres grands États de l'Europe. Le territoire de la France, depuis 1648, n'a été augmenté sur ce continent, que de quelques villes sur lesquelles le traité de Westphalie lui avait donné des droits, et de deux provinces pour lesquelles elle a donné de surabondantes compensations.

Mais l'Autriche s'est agrandie en même tems en Allemagne, en Pologne, en Turquie, en Italie; elle s'est étendue sur tous les points de sa circonférence ; elle a conservé des enclaves au sein de toutes les parties de l'Europe ; elle a acquis de riches moyens de navigation intérieure, des ports, un commerce maritime.

Mais il s'est élevé une nouvelle puissance au sein de l'Allemagne, et cette nouvelle puissance s'est engagée des premières dans la guerre actuelle contre la France.

Mais il s'est formé un puissant empire au Nord de l'Europe, et quoique, lors de la paix de l'an 6, cet empire ne se fût pas encore associé aux ennemis de la France, sa participation à la guerre avait été jusqu'alors une perspective toujours prochaine, que depuis la détermination de son gouvernement n'a pas tardé à réaliser.

Mais l'Angleterre, qui, à l'époque du traité de Westphalie, était un État sans prépondérance, est devenue, par sa puissance maritime et par son irréconciliable inimitié, un des plus persévérans et des plus dangereux ennemis de la France.

Et si, de l'examen de la position de ses ennemis, on passe à celui de ses amis, on trouvera que la Suède, dont les forces militaires étaient, au milieu du dernier siècle, capables de menacer jusqu'à l'existence politique de la Maison d'Autriche, et qui dominait, sans concurrence, sur le Nord de l'Europe, est descendue au rang des puissances du second ordre ; qu'elle n'est plus même aujourd'hui en mesure d'avouer sans danger ses rapports fédératifs avec la France, et qu'au moment où elle aura obtenu le droit de les avouer, ces rapports seront moins un avantage politique, qu'une obligation onéreuse à la charge de son alliée.

On trouvera que l'Espagne, que les développemens successifs du système commercial, bien plus que le changement de dynastie, qui fit placer un prince français sur le trône de Charles II, ont fait passer de la classe des puissances jalouses dans celle des puissances amies de la France, est aujourd'hui, par sa décadence et sa faiblesse, peu en état de compenser, par le concours de ses forces, le fardeau des obligations que le devoir de l'assister et de la préserver impose à la France ; en sorte qu'il est douteux que les rapports qui l'attachent à nous, ne soient pas plutôt un inconvénient nécessaire qu'un avantage relatif.

On trouvera enfin que la Hollande, alliée

de

de nos ennemis quand elle était puissante et
riche, ne s'est rapprochée de nous que quand
notre secours lui est devenu nécessaire pour
échapper à sa dépendance; qu'alors même ses
rapports fédératifs n'ont servi qu'à faire éclater, à son détriment et au nôtre, la perfidie
de son gouvernement; qu'il a fallu l'affranchir du joug de l'influence étrangère pour la
rendre au sentiment de ses intérêts et à la
franchise de ses dispositions, et que, dans ce
dernier état de choses, l'utilité de la fédération se trouve toujours chérement achetée par
les obligations permanentes et dispendieuses
du patronage.

Dans cette situation générale des grands
États de l'Europe, les uns à l'égard des autres,
si la France avait à compter avec ses ennemis de tout ce qu'elle avait acquis par les
armes dans la guerre qu'elle venait de soutenir contr'eux, n'était-elle pas en droit de leur
demander compte de tout ce qu'ils avaient
acquis sur elle, dans le cours d'un siècle, et
par les ruses de la politique plus souvent que
par les succès militaires, en prééminence, en
ascendant, en crédit? Quand sa fortune et
celle de ses alliés lui avaient manqué pour
conserver sa prépondérance continentale;
quand le partage de la Pologne venait à peine

d'être consommé, quand la préméditation, déjà plus d'une fois dévoilée, de celui de la Turquie n'était plus un scandale pour personne; quand tous les journaux de la coalition, échos peu discrets des plans politiques de ses cabinets, n'avaient pas encore cessé de proclamer le démembrement futur de la France, et ne se débattaient que sur les formes et les proportions du partage de ses débris; quand enfin toutes ses frontières avaient été attaquées, la République française a-t-elle pu être accusée d'ambition, pour avoir exigé que le premier traité qu'elle contractait avec le plus puissant État du continent, en assurant à cet ennemi une véritable augmentation de puissance, un système amélioré de limites, consacrât pour elle une démarcation plus étendue, plus défensive et plus sûre?.... Je regrette de m'être arrêté aussi long-tems à une pareille discussion.

Ce qu'il importe de dire, et ce qu'il est superflu de prouver, c'est que la France n'a rien changé à son système politique de guerre à l'égard de l'Autriche. Elle voulait dans l'an 6, qu'après la guerre il ne restât à cet ennemi ni regret sur ses pertes, ni sujet de crainte, ni motif d'ambition; elle le veut encore. Elle consentait à ce que la cour de

Vienne conservât des intérêts en Italie, pourvu que l'Italie ne fût plus asservie à aucun ascendant dominateur; elle y consent encore. Elle consentait, elle désirait même que l'Autriche devînt une puissance maritime, pour que la participation aux avantages de la navigation devenant plus générale, l'intérêt de l'indépendance du commerce fût mieux et plus universellement senti : elle y consent, elle le desire encore. Elle voulait que puisque l'Empereur, par la position limitrophe de ses États, pouvait à chaque instant menacer la liberté des États de l'Italie, elle pût à chaque instant leur porter des secours; elle le veut encore. Elle voulait que la Hollande, faible en moyens militaires de défense, dépouillée de ses plus précieuses colonies, menacée dans son sein par les projets et les espérances des partisans de l'influence étrangère, menacée au dehors par l'accessibilité de ses frontières, fût toujours à portée de réclamer efficacement le secours de la France, et que rien ne s'interposât entr'elle et son alliée; elle le veut encore. Enfin, sans épuiser des détails que l'incertitude actuelle de toutes les prétentions et de toutes les données ne permet pas de développer, tout ce que la France voulait relativement à sa sûreté dans ses rapports avec ses voisins, relativement à la sûreté de ses voisins dans leurs rapports avec l'Autriche, n'étant fondé que sur des principes de justice, de nécessité et de droit commun, elle avait le droit de le vouloir, elle a le droit de le vouloir encore.

Il me reste à parler de l'Angleterre et des considérations qui la font entrer dans le système politique de guerre de la France.

Je crois avoir suffisamment prouvé que la France n'était animée par aucun motif d'inimitié, par aucun sentiment de jalousie dans ses vues de pacification continentale, et que le droit public dont elle méditait le plan, dont elle proposait l'établissement à ses ennemis, ne portait atteinte ni aux sources de leur prospérité, ni aux principes ni aux ressorts de leur puissance; en terminant cette énumération par l'exposé de ses rapports actuels avec l'Angleterre, et des moyens possibles d'en améliorer le système, je m'impose une tâche qui paraîtra peut-être téméraire à quelques-uns, mais que je crois facile à remplir : celle de faire voir que la France peut se montrer à l'Angleterre sous le même aspect d'impartialité, de bon accord et de justice qu'elle présente à ses autres ennemis; qu'elle peut accorder les intérêts de ses alliés et les siens

avec ceux de l'Angleterre, et se mettre en
même tems à son égard dans une position de
garantie et de condescendance, de prudence
et de libéralité, de sécurité et de concorde.
La politique ne peut arriver à aucun but réel
si elle ne sait pas accorder ces résultats divers,
et l'Europe est condamnée à d'éternelles agitations si le problème de la puissance anglaise, mis en accord avec des sauve-gardes
assurées pour la prépondérance de la France,
n'est pas résolu.

Je ne discuterai pas ici ce que l'Angleterre
a voulu, ce qu'elle veut encore. De ces deux
données, l'une est superflue ; l'autre ne sera
bien connue que quand l'Angleterre jugera
à propos de s'expliquer sans réserve ; mais la
discussion peut s'établir sur ce que l'Angleterre est justement et généralement soupçonnée de vouloir, et sur les bornes précises que
l'intérêt commun des puissances maritimes et
continentales semble exiger qu'on impose à
l'étendue indéfinie de ses vues.

Les vaisseaux de l'Angleterre couvrent toutes
les mers : elle envoie des soldats, des armes,
de l'or, des agens sur les quatre parties du
Monde ; il n'existe pas de colonie assez éloignée que ses expéditions lointaines ne me-
nacent ; il n'y a pas d'empire, quelqu'étran-

ger qu'il soit aux communications européennes, qu'elle ne travaille à s'y procurer
un accès et à s'y assurer des établissemens
exclusifs. Les pays que l'Europe connaît à
peine ont reçu de l'Angleterre des noms qu'elle
regarde comme des signes de possession : ceux
qui ne sont encore connus de personne at-
tendent des dénominations anglaises ; et quand
ils étendront le domaine de la géographie nau-
tique, ils agrandiront en même tems celui de
la domination maritime de l'Angleterre.

À l'extrémité méridionale de l'Asie, l'Angleterre avait, avant la guerre, des possessions supérieures en étendue, égales en richesses aux États les plus considérables de
l'Europe : elle n'a voulu souffrir aucun con-
current qui partageât avec elle les produits de
la culture, de l'industrie locale et des échanges ; elle n'a voulu laisser subsister aucun
ennemi qui pût s'affranchir de sa dépendance.
Le territoire français et hollandais a été envahi. Le roi de Mysore a péri, son empire
a été détruit, et les Portugais et les peuples
de l'Inde, contenus par l'appareil de ses forces
ou subordonnés à son influence, ne sont en
guerre que par ses impulsions, ne sont en
paix que par sa tolérance : ils cultivent, ils
fabriquent, ils vendent, ils achètent pour

enrichir son fisc et grossir le bénéfice de son commerce.

Dans la partie orientale de l'Asie , ses observateurs vont explorer tous les rivages , ses agens vont imposer son commerce à toutes les nations littorales , et proposer son amitié à tous les princes qui les gouvernent. Dans ces contrées, où l'on sait à peine ce que c'est que l'Europe , ils disent que l'Angleterre est le premier et presque le seul peuple de l'Occident ; et de nos jours on a vu son gouvernement envoyer une ambassade fastueuse à la Chine , pour y faire croire que toutes les productions des arts de l'Europe étaient des ouvrages de l'industrie anglaise , pour y prévenir les esprits contre la nation et la révolution française, et pouvoir y dire qu'à l'exception de l'Angleterre , l'Europe n'était habitée que par quelques peuplades séditieuses ou barbares , avec lesquelles il n'y avait , pour les Orientaux , ni honneur ni profit à commercer.

L'Afrique présente le spectacle des mêmes invasions et de la même entreprenante activité. Au Sud , les Hollandais ont été dépouillés de leur plus intéressante colonie ; au Nord, toutes les puissances barbaresques ont été soulevées contre la France ; à l'Ouest, toutes

les côtes sont exploitées par des marchands
d'esclaves , et comme, pour un peuple marchand , tout , jusqu'à la vertu , peut être objet
de spéculation , un établissement de philan-
tropie y prospère à côté des comptoirs établis pour protéger la traite ; à l'Est et au centre , des voyageurs , dévorés de la soif de
découvrir les pays qui n'ont encore rien
échangé avec l'Europe, parcourent l'Afrique
dans tous les sens , y périssent , sont rem-
placés par des successeurs ardens à suivre
leurs traces , et bercent leurs commettans
avides de la magnifique espérance qu'ils leur
procureront l'antériorité des communications
commerciales avec des États plus puissans que
ceux de Montezuma et des villes plus grandes
et plus peuplées que Londres.

En Amérique , l'Angleterre était au premier rang des puissances coloniales : elle y
est aujourd'hui la seule puissance coloniale ;
tout ce que ses forces maritimes pouvaient
envahir a été envahi : tout ce qu'elle n'a pu
envahir a été désolé , incendié , bouleversé.
Les doctrines qui ont désorganisé les îles
françaises , ont pris leur source chez elle ; ces
doctrines ont été propagées par ses agens ;
des secours d'armes et d'argent ont été fournis
partout où elles avaient besoin d'être encou-

ragées ; l'Angleterre a été jusqu'à offrir son alliance à des chefs qu'elle eût punis du dernier supplice s'ils avaient tenté dans ses possessions le crime qu'elle ne craignait pas de leur conseiller.

Dans le continent, elle ne possède plus que l'Acadie et le Canada ; mais ces établissemens, par leur position, la mettent en mesure de s'assurer le commerce exclusif de la pêche et de la chasse. De là ses spéculateurs portent sur toute l'étendue septentrionale du continent ; depuis l'isthme de Panama jusqu'au pôle austral, un esprit infatigable de découverte, de monopole et de contrebande. Le commerce des pelleteries lui appartient exclusivement : elle attire à elle seule tous les produits du commerce prohibé des colonies espagnoles ; et ceignant les États - Unis au Nord et à l'Ouest, en même tems qu'elle les épouvante par ses flottes ; et qu'elle subordonne leur commerce à toutes les combinaisons de son crédit, elle fait plus que compenser, par la dépendance dans laquelle elle a su placer leur industrie, le désavantage qui aurait pu résulter pour elle de leur indépendance politique.

En Europe, même activité, mêmes moyens, mêmes succès ; mais ici le tableau a moins

d'étendue; il laisse voir des objets plus distincts et présente des résultats plus faciles à
saisir. D'immenses produits arrivent de tous
les points de l'Univers dans les ports de l'Angleterre; en tems de paix, l'Angleterre est le
premier marché de l'Europe; en tems de
guerre, elle est presque le seul pour l'échange
des productions des quatre parties du globe.
De cet unique avantage dérivent pour elle,
comme un effet nécessaire, la faculté de donner une vaste et forte organisation à son
crédit, de lui subordonner le crédit de toutes
les autres nations, d'attacher à elle par les
liens des créances et des dettes tous les commerçans étrangers et nationaux; d'accumuler,
selon ses vues et au tems et aux lieux qu'elle
choisit, les objets de consommation étrangère
et les signes qui en marquent le prix; de créer
partout, à son gré, la rareté ou la surabon-
dance des importations; de disposer des vicissitudes de la circulation; d'établir un principe perpétuel d'incertitude dans les valeurs
du commerce général, et de faire supporter
par-là aux nations étrangères une partie du
fardeau de ses impôts, en attentant chez elles
à une des plus abondantes sources de leurs
propres perceptions.

Je ne dis pas que ces effets et bien d'au-

tres que je pourrais développer, soient généralement et complétement dérivés de la situation dans laquelle l'Angleterre s'est placée par
son commerce et par l'accord de son commerce avec sa puissance ; mais je déclare et
j'assure qu'ils peuvent en dériver, qu'ils sont
dans la nature de sa situation ; comme des
effets plus ou moins immédiats sont dans leur
cause, et que le tems qui en a produit quelques-uns, peut les produire tous. Le commerce
de l'Europe, l'industrie locale de chaque nation, ne sont pas encore asservis, et il existe
plus d'un moyen de les délivrer des entraves
qui leur ont été imposées; mais on n'arrivera
pas au point de découvrir et de faire usage de
ces moyens, en suivant les maximes que la
plupart des gouvernemens de l'Europe semblent avoir adoptées, en prenant dans toutes
les déterminations politiques, l'Angleterre
pour guide, pour appui, pour arbitre ; en
regardant son intervention et son approbation
comme indispensables dans la guerre, dans
la paix, dans les pactes des engagemens fédératifs; en souscrivant sans réclamation aux
lois qu'elle impose à la neutralité, aux prohibitions qu'elle oppose au commerce étranger;
en favorisant enfin partout des associations
anglaises de commerce qui, par leur force

et leur activité indéfinies , acquièrent dans tous les lieux où elles se forment, une prépondérance positive , une supériorité de privilége et une véritable existence politique.

Ce dernier développement est un tableau de faits : il présente l'état des rapports commerciaux qui subordonnent à de grands et importans égards l'Europe à l'Angleterre. Le développement qui précède est un tableau d'inductions; il laisse voir la perspective du tems où l'Europe pourra se trouver commercialement subjuguée par l'Angleterre : ces inductions sont-elles dans les vues , dans les espérances de la nation anglaise et de son gouvernement ? C'est ce qu'il importe fort peu de discuter contradictoirement. Mais elles sont des conséquences rigoureuses de faits existans , et ce sont ces inévitables conséquences sur lesquelles il importe que l'Europe s'éclaire, comme il importe qu'elle s'arme de toute sa prévoyance et de toute son énergie pour les prévenir.

Je ne m'appesantirai pas sur des détails : cependant j'avoue que le tableau des dommages que toutes les nations, tant continentales que littorales de l'Europe , considérées individuellement , ont eu à souffrir de la suprématie commerciale de l'Angleterre, entre-

rait parfaitement dans mon plan ; et ce travail,
s'il était fait avec soin et sur des données qu'il
n'est pas impossible de recueillir, ne pourrait
qu'être d'un très-grand intérêt pour la solution de la question que je traite ; mais il
entraînerait trop de longueurs , et je pense
d'ailleurs que les ministres anglais et la foule
de leurs apologistes dans le continent, nous
ont suffisamment dispensés de prouver ce dont
ils conviennent , de leur imputer ce dont ils
s'enorgueillisent. Il ne se prononce aucun
discours parlementaire dans les bancs de l'administration , il n'est aucun ouvrage allemand,
anglais ou français, consacré à la défense de
la cause du ministère anglais , où l'on ne nous
présente tous les États de l'Europe comme
gémissant sous le poids du fardeau qu'ils sup-
portent , les gouvernemens découragés et
indécis, les peuples en proie à tous les tour-
mens, à toutes les tentations de la misère, et
l'Angleterre seule jouissant sans partage de
tous les bienfaits de sa tranquillité intérieure,
de son industrie toujours active, de son commerce qui exploite presque exclusivement les
quatre parties de l'Univers.

Un écrivain allemand qui n'a sur tous les
autres que l'avantage d'être plus récent, et
celui peut-être d'exprimer avec plus d'ingé-

nuité son vœu pour que l'Europe entière dé-
fère enfin sans répugnance à l'Angleterre le
sceptre du commerce universel, n'excède, à
cet égard, les intentions du parti dont il est
un des plus fervens défenseurs, qu'en ce qu'il
entreprend d'ôter aux nations du continent
toute espérance de pouvoir jamais se soustraire à la domination incontestée, et désormais, assure-t-il, incontestable de la nation
qu'il appelle la plus grande du Monde. Je ne
souscrirai pas, et j'espère que l'Europe ne
souscrira pas à ce fatal arrêt; mais les documens sur lesquels M. Gentz a écrit, sont pour
la plupart spécieux. Le tableau de l'activité
et de l'universalité du commerce extérieur
de l'Angleterre, et celui de la dépression et
de la presque léthargie actuelle du commerce
extérieur de tous les autres peuples, sont à
peu près conformes à l'état des choses; dans
la machine immense de la circulation d'un
pays aux autres, des échanges au dehors,
des produits exportables, des fabriques d'objets de consommation étrangères, les ressorts
principaux qui déterminent l'accumulation et
la distribution, la multiplication et la diminution, l'accroissement et la baisse des valeurs, sont, comme il l'assure, dans les mains
des Anglais; de là on peut conclure avec lui

que l'Angleterre , par son influence incontestable sur les prix généraux du commerce, s'en est fait une plus ou moins puissante sur la fixation des prix du commerce local de chaque peuple ; que par-là elle est parvenue à acquérir, à quelques égards, la faculté d'intervenir dans les rapports les plus importans de l'organisation sociale , administrative et politique de toutes les nations, qui sont, soit directement , soit indirectement , en relation de commerce ou de guerre avec elle ; que par-là elle agit perpétuellement comme force perturbatrice sur les rapports qui unissent les propriétaires et les salariés, les producteurs et les fabricans, le fisc et les contribuables.

Ces conséquences ne sont pas toutes évidemment exprimées par M. Gentz; mais je ne vois pas d'inconvénient à lui éviter l'embarras de les déduire : je ne sais s'il les a senties. Peut-être après avoir mis en avant que l'Angleterre faisait seule le commerce du Monde, par ses vaisseaux, ses établissemens coloniaux, ses compagnies privilégiées, son crédit et ses banques ; que le commerce particulier de chaque nation n'avait de vie et d'activité que par ses impulsions, que pour ses intérêts, et *que depuis les mines de la Carinthie jus-*

*qu'aux fabriques du Bengale , il existait
peu de lieux habités par des hommes industrieux où des travaux étrangers ne soient
vivifiés par des capitaux britanniques*, a-t-il
trouvé qu'il serait excessivement indiscret
d'énoncer lui-même des conclusions qui pourraient porter l'épouvante dans le sein de tous
les gouvernemens, et les déterminer à mieux
scruter les ressorts secrets par lesquels le gouvernement d'Angleterre a réussi jusqu'à ce
jour à leur imprimer toutes les impulsions
qu'il est dans ses intérêts de leur donner.

Quoi qu'il en soit de cette conjecture, je
m'arrête à ce que M. Gentz a dit et pris soin
de prouver par le témoignage des ministres,
par l'autorité d'une multitude de faits tirés
de monumens officiels, de comptes publics, de
relevés de douanes, d'états de commerce, etc.
Ces assertions et les sources dont elles sont
tirées servent parfaitement, ce me semble, à
justifier ce que j'avais à établir ; savoir , que
l'Angleterre est justement soupçonnée d'aspirer à l'empire universel du commerce maritime, et par cet empire à une influence toute
puissante sur les intérêts sociaux et politiques
qui tiennent au système du commerce de
terre et à celui de la politique et de l'administration de tous les États.

Il me reste à examiner avec M. Gentz, si cet ordre de choses est irrévocable; je pourrais discuter encore avec lui une vérité qu'il ne me paraît pas avoir même entrevue, je veux dire le peu d'utilité réelle, sociale et vraiment nationale que l'Angleterre retire de cette exagération de moyens et de résultats qui dérivent de l'organisation actuelle de son commerce et de l'association intime de ce commerce avec sa puissance.

Mais cette vérité devrait-elle jamais être discutée? et le besoin que l'on sent de la prouver, quand on a occasion de l'énoncer, n'accuse-t-il pas parmi nous le peu de progrès qu'ont fait dans le cours du siècle qui finit, ces sciences fastueuses qu'on appelle politique, philosophie, économie publique, etc. ? Fénélon avait mis dans un jour si sensible ces grandes maximes, *que la richesse d'une nation ne dépend pas de la grandeur, mais de la bonne organisation des rapports de son industrie; que sa force s'affaiblit par l'étendue de ses ressorts; que la garantie de la stabilité de sa puissance est plus dans la précision que dans l'indétermination de ses limites !* Tant d'autres écrivains célèbres, animés comme lui du desir d'accorder les principes de la politique avec ceux de la morale sociale, ont

I

développé , démontré ces vérités vraiment dogmatiques, vraiment fondamentales de l'art de gouverner , qu'il doit paraître étrange que plus d'un siècle de publicité ne les ait pas rendues vulgaires. Je me contente de les répéter, persuadé que nous ne sommes pas arrivés au moment où elles acquerront sur l'esprit des gouvernemens et des peuples l'autorité effective des règles-pratiques de conduite, et que cependant, par respect pour elles, il ne faut laisser échapper aucune occasion de les reproduire.

J'ajouterai seulement que si le principe des opinions exagérées de M. Gentz sur la consistance éternelle de la prépondérance de l'Angleterre , se trouve dans l'ignorance de ces maximes, on y trouve encore la principale cause des funestes erreurs auxquelles les autres gouvernemens de l'Europe s'abandonnent sur les rapports de leur puissance avec la puissance de l'Angleterre, et sur les moyens de se soustraire à la dépendance de leur position.

Il ne peut être indifférent d'exposer ici ces erreurs ; j'en ai déjà signalé quelques-unes , peut-être les ai-je successivement combattues toutes dans le cours de cet ouvrage; mais je ne les ai jamais présentées qu'éparses et isolées : je vais les offrir ici réunies, formant un corps de système vicieux d'administration et de politique, et rendues sensibles et palpables par les fautes qu'elles font commettre à tous les gouvernemens qui les partagent, et qu'il semble qu'aucune expérience ne puisse désabuser.

Ces fautes sont, 1º. l'inattention et les méprises des gouvernemens, qui tous, hors celui d'Angleterre , semblent méconnaître qu'il existe des rapports intimes entre les intérêts du commerce maritime et les intérêts du commerce continental, entre le commerce général et le commerce national, entre le commerce national et la puissance publique.

2º. L'inconséquence et la légéreté qui empêchent d'apercevoir qu'une échelle d'influence et d'ascendant se forme sur la chaîne des rapports que je viens de développer, et subordonne, sous le point de vue de l'intérêt et des moyens, la puissance publique au commerce national, celui-ci au commerce général, et le commerce continental au commerce maritime.

3º. L'ignorance ou l'irréflexion, qui fait que les gouvernemens négligent de voir que les nations qui prennent plus de part aux avantages du commerce maritime et du commerce général, se placent par l'enchaînement des rapports que j'ai analysés , dans un état réel de supériorité et d'indépendance à l'égard de toutes les autres, et acquièrent de plus des moyens positifs d'influence et d'ascendant sur les mouvemens du commerce national de ces dernières , et sur les ressorts de leur puissance.

4°. L'inconstance et les vices de tous les systèmes d'administration publique qui, étant faits sans égard aux rapports de la puissance et de l'industrie locales , sans égard à l'état nécessairement relatif et dépendant du commerce national, établissent des règles incertaines, imposent des charges disproportionnées, et dérangent perpétuellement les bases et la direction naturelles de l'industrie en voulant lui donner les leurs.

5°. L'inconstance et les désordres des rapports politiques qui existent entre les gouvernemens, l'oubli ou le mépris des maximes et des principes du droit public.

6°. L'inconstance et la discorde des relations commerciales qui existent entre les nations, et l'ignorance des véritables sources de leur prospérité.

7°. La guerre actuelle et sa durée.

Toutes les causes de l'influence commer-

ciale et politique de l'Angleterre et de la décadence des autres États, sont dans les fautes
et les erreurs que je viens d'exposer. Chercher ces causes dans des raisons de localité,
de position, d'organisation politique, c'est
descendre à des effets, à des incidens, à des
accessoires ; c'est s'éloigner toujours de plus
en plus de la source des maux dont on veut
découvrir le remède.

C'est encore une cause tout-à-fait secondaire et subordonnée, que celle que les enthousiastes de la nation anglaise prétendent
trouver dans son caractère méthodique et
réfléchi, et dans cette rectitude de jugement
qui détermine toujours à coup sûr ses négocians dans leurs tentatives, qui leur fait pro-
portionner avec discernement les premiers
efforts à la probabilité de réussir, les frais
de l'essai aux chances d'un premier succès, et
les dépenses constantes d'un grand établissement au maximum des bénéfices qu'il peut
donner à leur industrie.

Tout autre peuple, dans les circonstances
où l'Angleterre a été placée, se serait élevé
au même degré dans la carrière du pouvoir
et des richesses. A cette première époque,
où le système du commerce maritime acquit,
par l'étendue de ses combinaisons, la faculté

d'influer sur le système politique, il n'y a pas
d: nation en Europe, qui, éveillée comme le
fut l'Angleterre sur les intérêts de la navigation, par l'acte fameux qui signale et signalera éternellement le règne de Cromwel, ne
fùt parvenue à exercer l'empire que l'Angleterre s'est arrogé sur le commerce et la politique de tous les États.

Les moyens directs de cet empire, je veux
dire l'industrie perfectionnée, tous les avantages qu'une nation retire de son expérience,
l'esprit d'association qui entre dans ses habitudes, les compagnies, les fabriques, les
banques, les capitaux, ne sauraient appartenir en propre, et par nature et par privilége, à une seule nation. Ces moyens ont été
en Angleterre une conséquence immédiate des
développemens du système de navigation. Ils
appartiennent à ce système, et sont soumis
à toutes les vicissitudes qu'il peut éprouver.
Ils devinrent en Angleterre des causes efficaces de prospérité, parce qu'en Angleterre
les lois et la politique se conformèrent, dès le
principe, au développement du système général du commerce et de la navigation. Ils
ont agi ailleurs avec moins de consistance et
d'efficacité, parce que partout ailleurs ces développemens se sont presque toujours trou-

vés en opposition avec la politique et les lois locales. Mais en qualité de ressorts secondaires, ils peuvent et doivent porter les mêmes fruits d'abondance, de richesse et de pouvoir dans tous les lieux où l'administration et la politique conformeront leurs principes et leurs mesures aux circonstances, aux mouvemens, aux combinaisons variables du commerce général. Seulement si la politique et les lois de tous les États étaient calculées sur les moyens de s'assurer un droit constant et toujours proportionné à leurs facultés, dans le partage légitime des avantages du commerce, il n'en résulterait pour aucun des moyens de domination sur les autres; ils seraient tous puissans, selon la mesure de leur population et de leur territoire, riches selon l'étendue de leurs moyens et l'activité de leur industrie; ils seraient enfin indépendans, et ce résultat nous suffit à nous, qui ne voulons opprimer aucun peuple, et qui desirons qu'aucun peuple ne soit opprimé.

Mais ce vœu ne peut être entièrement accompli que lorsque les erreurs que j'ai signalées seront entièrement dissipées; et pour présenter ici les moyens dans l'ordre naturel de leur action et dans la graduation de leur efficacité, je dirai qu'il faut, 1°. que la guerre finisse ; 2°. que de meilleures combinaisons président aux relations commerciales qui doivent unir les nations de l'Europe; 3°. que des rapports plus sages résultent des traités qui doivent déterminer leurs droits et leurs devoirs politiques; 4°. que des systèmes plus fixes et mieux ordonnés règlent et organisent les ressorts de l'administration intérieure de tous les États; 5°. enfin que les gouvernemens, toujours attentifs aux grands mouvemens du commerce général, cherchent dans ses combinaisons et dans les changemens qu'elles subissent, la règle de l'amélioration de leurs rapports politiques.

Je sais bien que je m'expose ici à une observation qui s'offrira d'elle-même, et paraîtra extrêmement concluante à tous les esprits superficiels. On dira que faire dépendre l'indépendance politique et commerciale de tous les États, de la réforme de toutes les administrations, de la liberté de toutes les industries ; de la bonté de toutes les lois, de la sagesse de tous les gouvernemens, c'est renvoyer le terme du mal à un avenir fabuleux. Je ne suis point frappé de la force de cette observation, qui n'est que spécieuse.

Des cinq mesures réformatrices que je propose, les plus salutaires, les plus fécondes en conséquences avantageuses, immédiates et générales, sont celles qui dépendent d'un simple acte de la volonté des deux ou trois gouvernemens qui sont le plus intéressés à les adopter. Est-il donc si difficile que la Russie, que l'Autriche, Naples, la Turquie, etc. se persuadent que la guerre et les engagemens qu'elle leur a fait contracter, sont dans une opposition scandaleuse avec les intérêts élémentaires de leur richesse, de leur puissance, de leur dignité politique ? Le salut de l'Europe est tout entier dans les trois premières mesures que j'ai indiquées, et les immenses avantages qui en dérivent ne tiennent qu'à un rayon de lumière qui ferait apercevoir à quelques souverains et à leurs ministres, où est le principe de leur dépendance politique et commerciale, et où sont les ressorts de leur affranchissement. Les deux dernières mesures demandent dans leur application, de la maturité, du tems et une longue persévérance ; mais elles ne sont destinées qu'à compléter, qu'à perpétuer le bien qui doit résulter des premières. Si la guerre finit, s'il s'établit un droit public basé sur les intérêts de toutes les nations, si des engagemens libéraux et justes associent les États qui doivent se prêter un mutuel appui, s'il se forme une balance entre ceux que leur situation relative expose à des concurrences, s'il résulte enfin des négociations futures un équilibre solide qui se compose de la réaction tranquille et constante du système fédératif de chaque gouvernement sur le système politique de tous, l'indépendance générale du commerce et de la politique des nations européennes est assurée.

J'ai dit quels étaient, quels avaient toujours été les principes du système fédératif de la France. La France, dans cet important objet de sa politique extérieure, n'a jamais eu en vue que garantie, équilibre, concorde et préservation. Veut-on connaître les vues constantes de la politique extérieure du gouvernement d'Angleterre ? qu'on étudie les principes de son système fédératif. On verra qu'indépendamment de l'objet d'établir partout et d'étendre sans cesse son ascendant dominateur sur la politique de tous les États, ses alliances ont toujours eu pour motif principal l'ambition d'ouvrir dans toutes les parties du Monde, des routes privilégiées à son commerce.

J'ai fait un tableau extrêmement abrégé des invasions commerciales de l'Angleterre dans les quatre parties de l'Univers. Si j'avais eu le tems de rédiger ce tableau avec plus de

détail , j'aurais fait remarquer sur chaque
point du globe la correspondance assidue du
système commercial de l'Angleterre et de son
système fédératif. On aurait vu que dans tous
les lieux où elle a fait pénétrer son commerce,
des alliances contractées à grands frais datent
de l'origine de ces établissemens, y protégent
leur naissance, y perpétuent leur durée ; et
peut-être n'aurait-on pas vu sans surprise les
noms des nations les plus barbares, de peuplades sauvages et de souverains inconnus,
figurant dans la liste des protecteurs du commerce de l'Angleterre et des alliés de son
gouvernement.

En se rapprochant de l'Europe, on observe
la même conduite, et l'objet en devient tout
à la fois et plus important et plus sensible.
Est-il besoin de dire que l'Angleterre ne s'est
alliée à la Turquie que par des motifs d'inquiétude sur la solidité de sa toute-puissance
commerciale dans l'Inde, et par des motifs
de jalousie sur l'état d'infériorité relative de
son commerce dans le Levant ?.

Est-il besoin de dire que l'Angleterre ne
s'est alliée à l'État de Naples que dans l'espoir
de s'assurer un jour la possession de Malte,
et pour pouvoir de ce point important, soit
qu'on le considère comme poste militaire où

comme entrepôt commercial, commander au commerce de la Sicile, de l'Italie, des États barbaresques, de la Turquie, et enchaîner la politique imprévoyante des gouvernemens de ces contrées ?

J'ai dit quelles vues avaient engagé l'Angleterre à harceler sans cesse la Russie, l'Autriche et toutes les puissances continentales de ses instigations, à se les attacher par l'attrait de ses subsides. Je dois ajouter, pour jeter un jour plus précis sur cet objet, que le but final de toutes ses vues est de s'emparer commercialement de tous les pays où ses engagemens politiques donnent à ses négocians le droit d'établir des magasins, des exploitations, des fabriques, de former des associations, de fonder un crédit, de monopoliser enfin l'achat des productions locales et la vente des importations.

La puissance de l'Angleterre est établie sur l'activité de son commerce : les principaux ressorts de cette activité sont les communications extérieures, les exportations, les échanges. L'Angleterre doit donc aspirer à s'ouvrir sans cesse des marchés nouveaux, et sa plus grande crainte doit être de perdre ceux où la tolérance des princes et l'indolence des peuples lui ont laissé prendre le droit et les moyens de dominer.

C'est dans cette ambition et cette crainte qu'on trouvera le mobile unique de tous les efforts qu'elle a faits dans ces derniers tems, pour mettre obstacle à la paix de l'Europe. Elle craint que la conséquence de cette paix ne soit de faire sentir aux puissances du Nord tous les dangers que fait courir à leur indépendance politique et commerciale l'ascendant que le commerce anglais a pris sur les côtes de la Baltique, dans les provinces littorales de la Russie, dans le sein même et jusqu'aux extrémités les plus septentrionales de cet empire.

Elle sent en même tems qu'une suite inévitable de la paix doit être d'affranchir politiquement et commercialement la Hollande, et que le grand marché de la Belgique, qui lui servait à subordonner à son commerce l'industrie de tous les États d'Allemagne, ne sera plus exclusivement ouvert à ses importations.

D'après cet exposé, j'ai la confiance que la solution du problême de l'indépendance commerciale et politique de l'Europe ne paraîtra plus aussi épineuse qu'elle l'avait d'abord semblé. Tout consiste à ce que les puissances qui font la guerre à la France, sachent se convaincre que tous les moyens de la régénération de leur puissance et de leur richesse sont

compris dans une paix prompte , franche ,
honorable , et dans des stipulations libérales
et justes de politique et de commerce.

Quant à la réforme des lois administratives
qui doivent compléter et perpétuer l'ouvrage
de leur indépendance , je m'abstiendrai d'a-
jouter aucun développement à ce que j'en ai
dit. L'entreprise d'une telle réforme est ré-
servée à l'avenir , et ne peut être ici qu'un
objet d'indication. Je m'imposerais une tâche
étrangère à mon objet, si j'en discutais les
moyens. Il me suffit de désigner cette réforme
comme une conséquence facile de celle du
système politique , ainsi que j'ai désigné la
réforme du système politique comme une
conséquence nécessaire de la fin de la guerre.

Tous les efforts que la France fait tendent
à cet unique but , parce qu'elle y voit des
moyens sûrs pour elle d'arriver à tous les
objets de ses espérances. Il m'importait de
faire voir qu'elle n'aspirait à rien d'exclusif ,
à aucun genre , à aucun degré d'accroissement et de prospérité, qu'elle ne desirât de le
voir partagé avec toutes les autres nations ,
selon la mesure de leurs moyens et de leur industrie. Si, dans l'organisation perfectionnée
du système politique et du système commercial de l'Europe, la réalisation de ce partage

est retardée dans quelques pays par des obstacles tirés de l'ignorance ou des préjugés des
gouvernemens, l'accomplissement de l'indépendance générale du commerce et de la politique de tous les peuples sera retardé; mais
le détriment du délai ne sera supporté que
par ceux qui auront le tort de n'avoir pas
voulu participer aux efforts de l'affranchissement commun.

La domination de l'Angleterre est bien établie sur une sorte d'accord passif de la part
de toutes les nations à la laisser jouir seule
des avantages qu'elle retire de leur indolence
et de leurs discordes. Mais la fin de cette domination ne tient pas à la nécessité d'un concert général pour rompre cet accord d'inertie.
Il peut être rompu par l'énergie seule d'une
grande puissance, qui, en brisant ses entraves, donne l'éveil à celles qui sont plus
disposées, plus à portée de suivre son exemple, et la France est cette puissance. Elle a
organisé dans de grandes vues de justice et
de libéralité son système fédératif : elle a organisé dans des vues généreuses d'impartialité et de concorde son système de guerre ;
elle organise actuellement dans des vues de
sagesse et d'exactitude son système d'administration intérieure, de commerce et d'in-

dustrie : tous les pas qu'elle a faits , tous les pas qu'elle fera dans cette triple carrière , rompront autant d'anneaux de la chaîne qui garrote la politique et l'industrie générale de l'Europe. C'est aux gouvernemens qui assistent comme spectateurs ou agissent comme acteurs dans le débat qui dure encore, à juger si leurs vœux s'égarent quand ils s'attachent à la cause d'un gouvernement qui veut être tout-puissant par l'usage d'une influence uniquement fondée sur les dommages de leur commerce et de leur puissance , plutôt qu'à celle d'un gouvernement qui ne veut être puissant que de leur indépendance et de la sienne , de l'affranchissement de toutes les industries nationales et de la sienne , de la richesse et de la prospérité de tous les pays et du sien.

CHAPITRE

CHAPITRE V.

Situation relative de la France à l'égard des neutres.

LE mot de neutralité emporte avec lui une idée d'indifférence, d'impartialité et d'isolation, qui est loin de convenir à l'état politique que cette dénomination désigne.

J'ai dit plus haut que le commerce général influait sur le commerce local de tous les pays, que celui-ci avait une influence puissante sur les moyens et les ressorts de la force publique : j'ajoute que cette dernière influence, devenant, dans l'administration intérieure des États, et à l'insu même des gouvernemens, un principe de détermination et de conduite, il doit résulter, des grandes secousses que l'état de guerre imprime aux mouvemens du commerce général, une impulsion perturbatrice qui, dans tous les pays neutres, dérange plus ou moins les ressorts du commerce national, change les rapports de ce commerce avec la puissance politique, et généralise à quelques égards, pour tous les peuples et pour tous les gouvernemens, les

K

maux, les passions et les désordres de la guerre.

Jusqu'à ces derniers tems on a cru (et combien de gouvernemens partagent encore cette fatale erreur!) qu'en matière de commerce comme en politique, tout était ambition et concurrence; que faire perdre à autrui ou gagner soi-même, ruiner ses rivaux ou s'enrichir, étaient la même chose. Aujourd'hui une théorie plus libérale et surtout plus vraie a jeté sur cet objet des lumières que les préjugés, que les passions cherchent en vain à obscurcir. Il est prouvé, et on commence à savoir que le ressort le plus actif, le plus fécond de l'industrie d'un peuple est celui qui agit en même tems sur l'industrie des autres, et qui en reçoit une réaction égale à son action; que la base la plus solide de la richesse d'une nation est la richesse de toutes celles avec lesquelles elle est liée par des rapports de commerce; que le commerce est une vaste organisation qui a une vie générale, des intérêts généraux, et que cette vie et ces intérêts ne peuvent recevoir des atteintes partielles que l'ensemble ne s'en ressente et n'en souffre. De cette théorie il résulte qu'une guerre partielle est un mal général, qu'en arrêtant dans les lieux qui lui

servent de théâtre les mouvemens que le commerce local reçoit et réfléchit , qu'en y taris-
sant la source des productions et des ventes ,
qu'en détournant à d'autres objets l'industrie , les talens et les capitaux qui entrent
dans la combinaison générale des exportations, des consommations et des échanges,
elle étend au dehors , et jusqu'aux extrémités de l'échelle des communications commerciales, le dommage des dépenses, des destructions et des désordres qui sont la suite
nécessaire de ses violences.

Ainsi, dans l'ébranlement que la guerre
porte sans cesse à l'organisation générale du
commerce extérieur de tous les peuples, aucun État ne peut être à l'abri de ses atteintes;
il ne peut donc rigoureusement exister de
moyen d'isolation, de motif d'indifférence,
de principe d'impartialité de la part des nations neutres à l'égard des puissances belligérantes.

La neutralité est donc un malheur comparativement moindre, si l'on veut, que celui
de la guerre, mais grave par ses effets, et
qui peut devenir plus grave encore par la
nature des circonstances dans lesquelles un
État neutre se trouve placé : cette dernière
idée s'applique particuliérement à l'État de

neutralité des nations maritimes : je vais développer tous les maux auxquels ce genre
de neutralité expose : je crois qu'on en con-
clura qu'il n'est pas de beaucoup inférieur
en dommages, en dangers, en inconvéniens
de tout genre, à l'état de guerre.

J'ai parlé de la supériorité maritime de
l'Angleterre : cette supériorité a donné lieu
à cette puissance d'élever des prétentions que
presque toujours la faiblesse relative des États
neutres l'a autorisée à ériger en droits. De
là sont résultés deux codes publics maritimes,
celui que toutes les nations avouent et celui
que l'Angleterre reconnaît.

Le droit public maritime de toutes les nations voudrait, en tems de guerre, une liberté
illimitée de navigation pour les neutres : de
cette généralité autorisée et bien garantie résulterait un grand système de modération et
de compensation pour le commerce général,
qui, trouvant dans tous les États préservés
de la guerre, sur leur territoire et sous leur
pavillon, un abri tranquille, y déploierait
sans obstacle toutes ses facultés, y placerait
le centre des échanges, y ferait aboutir tous
les ressorts de la réproduction générale, et
conserverait intacts tous les élémens de la
grande organisation de l'industrie, jusqu'au

moment où la paix rétablirait entre toutes les nations l'harmonie des rapports commerciaux qui les unissent. Mais ce vœu du droit public n'a jamais été réalisé : il est resté au nombre des théories que la philosophie s'est plû à méditer, et que toujours la politique s'est fait un jeu de détruire.

Les nations neutres n'ont point de reproche à faire à la France ; elle est, de toutes les puissances maritimes, celle qui dans tous les tems a le moins cherché à inquiéter le commerce des peuples tranquilles ; elle est la première qui ait proposé législativement et diplomatiquement que la navigation neutre fût à jamais délivrée de toute entrave, que la course fût abolie, et que la profession commerciale, ses agens, ses ressorts, ses moyens et ses bénéfices fussent partout et dans tous les tems, privilégiés et hors de l'atteinte des violences de la guerre. Tout ce que j'ai dit sur le commerce général et sur ses belles, fécondes et puissantes correspondances, fait voir jusqu'à quel point la politique française se lie par son instinct seul aux intérêts de l'indépendance et de la prospérité de tous les peuples ; car à l'époque où cette mémorable transaction fut proposée par la France, elle n'était guère en position de combiner ses mesures d'après les principes d'une politique réfléchie ; elle était déterminée par l'impulsion du caractère national , bien plus que par la sagesse de ceux qui la gouvernaient.

Mais il en a été de ce vœu comme de tous ceux que la morale publique, que la justice naturelle ont fait former jusqu'à ce jour pour assurer enfin une sauve-garde à la faiblesse contre la violence, et à l'industrie contre l'ambition. Ces vœux retentissent dans tous les écrits des publicistes : ils sont lus, accueillis ; ils sont même consacrés par des stipulations libérales dans quelques-unes des conventions politiques des tems modernes : mais l'Angleterre a conçu une autre théorie, et cette théorie une fois réalisée par l'emploi de sa prépondérance maritime, ses habitudes, son exigeance et la condescendance générale l'ont constituée en droit.

De ce droit il résulte, 1°. que la course et la barbare législation sur laquelle ce mode absurde de guerre se fonde, sont une suite indispensable de toutes les guerres qui surviennent entre l'Angleterre et les autres puissances du continent.

2°. Que l'Angleterre s'arroge dans toutes les guerres le droit de tourmenter le commerce neutre, d'attaquer sans cesse les rapports de ce commerce avec les nations qui sont en guerre avec elle, et d'intimider à tel point les gouvernemens qui aspirent à jouir des droits de la neutralité, et dont le devoir est de maintenir à tout risque le commerce de leur pays dans l'entière et libre égalité de ses rapports, qu'ils n'osent s'exposer à remplir ce devoir ; que par-là les nations en guerre avec l'Angleterre se trouvent placées dans la nécessité de méconnaître la neutralité, et de regarder les rapports presqu'exclusifs que le commerce neutre conserve avec l'Angleterre comme un privilége en faveur de cette puissance, comme une offense de la part des neutres et comme un dommage pour elles.

3°. Que le commerce des neutres entre malgré lui, en tems de guerre, dans le ressort d'une juridiction étrangère, arbitraire et presque nécessairement illibérale ; que les négocians de ces nations deviennent justiciables d'une multitude de tribunaux militaires qui, bien que, par les formes et l'objet de leur institution, ils annoncent qu'ils ne sont fondés que pour décider de la légalité ou de l'illégalité de certains actes de guerre, présentent cependant l'idée de l'usurpation d'un droit général par une puissance particulière, et de la subordination forcée de toutes les nations

tranquilles aux volontés de celles qui ne le
sont pas.

4°. Que rien de ce qui tient aux droits et
aux obligations des neutres n'est défini ; qu'un
simple acte de gouvernement, qu'une lettre
du roi d'Angleterre à ses amiraux suffisent
pour bouleverser en un instant la législation
générale de la mer ; que le sens même des
mots est changé ; que tantôt tel objet, tantôt
tel autre s'appelle contrebande ; que tel port
peut être regardé comme interdit, bien qu'aucune force extérieure n'en empêche l'accès,
et que, par une déclaration écrite , un pays
entier, une étendue de mille lieues de côtes,
est mis en état de blocus comme une simple
ville.

5°. Que les neutres s'accoutument à regarder la guerre comme un état qui, sur la détermination arbitraire de l'une d'entr'elles ,
les met hors de la société des nations belligérantes ; qu'ils craignent de s'exposer aux ri-
gueurs de la plus puissante, qu'ils redoublent
de ménagemens envers celle qui exige le plus,
que leur commerce s'appauvrit à force de se
contraindre, et que leurs gouvernemens se
dégradent à force de plier et de condescendre.

6°. Que les vaisseaux des puissances belligérantes cherchent moins dans la guerre de

mer la gloire des combats que le profit des captures; que quand ils croisent, ce n'est pas pour protéger leur commerce respectif, mais pour harceler celui des neutres; que dans la perspective des victoires maritimes, les nations belligérantes n'aspirent pas seulement à constater leur supériorité relative, mais encore à dominer sur les mers comme sur un empire conquis ; qu'elles portent cette prétention partout où elles peuvent faire flotter leur pavillon, et la réalisent partout où aucune opposition ne les arrête ; qu'elles contestent aux vaisseaux armés des neutres le droit de convoyer les bâtimens de commerce; qu'elles contestent aux souverains le droit d'ouvrir leurs ports, d'y donner un asyle aux vaisseaux étrangers, de protéger avec les batteries de leurs rivages ceux qui viennent se placer sous leur abri.

7°. Que les ports des puissances belligérantes se peuplent de matelots de tous les pays, capturés sous le soupçon ou le prétexte d'appartenir à des nations ennemies; que ces infortunés, tentés par la misère ou forcés par la violence, se laissent engager dans un service de guerre; qu'ils sont ainsi contraints de contribuer eux-mêmes à ruiner, à opprimer le commerce de leur pays, à ravir de force leurs concitoyens sur les navires de leur nation, ou à les embaucher dans les relâches; qu'aujourd'hui on peut porter à plus de quarante mille le nombre des matelots neutres qui, sous le pavillon anglais, sont exposés sans objet, sans fruit et sans honneur, à tous les hasards de la guerre.

8°. Que le commerce ne trouvant point de sûreté dans la bonne-foi, et n'ayant à espérer de la part des gouvernemens neutres qu'une protection indolente, inactive, insuffisante, cherche son salut dans la ruse; que la simulation des pavillons, des papiers de bord, des expéditions et des factures devient une industrie légitimée par l'usage, et porte dans les habitudes morales de la profession qui peut le moins se passer de franchise, le poison funeste du mensonge et de la déloyauté; que le commerce se déshonore par la manifestation de ces supercheries honteuses, et se dégrade et se flétrit par leur succès; que la guerre maritime devient ainsi, pour ceux qui la font, une école de rapacité et de brigandage, et pour ceux qui en souffrent, une école de bassesse, d'imposture et de mauvaise foi.

Tel est en substance le droit public maritime que toutes les puissances, l'Angleterre par ses actes, les autres par leur patience, ont comme consacré en Europe, et sur la réforme duquel la France appelle l'attention de tous les peuples et invoque la sagesse de tous les gouvernemens. J'ai appelé ce droit le droit maritime de l'Angleterre, parce qu'il est né de l'usage des guerres maritimes de ce siècle, et que les guerres maritimes de ce siècle ont toutes été suscitées, entretenues, dirigées et prolongées par l'Angleterre. Les avantages qu'elle a retirés de l'exercice de ce droit l'accusent encore plus hautement de l'avoir imposé à toutes les nations commerçantes. Enfin les difficultés que présente la réforme de ce code d'oppression et de barbarie ne laissent aucun doute sur son origine, puisque la crainte que l'Angleterre inspire, et les efforts qu'on suppose avec trop de justice qu'elle fera pour la prévenir, sont les seuls obstacles qui puissent s'opposer à la création d'un droit public vraiment maritime, vraiment commercial, vraiment général.

Si l'on se rappelle ce que j'ai dit de l'influence du commerce maritime sur le commerce continental, et de l'influence des rapports commerciaux sur le système des rapports politiques, on sentira d'abord toute l'importance de l'établissement du code public des

lois de la mer. Les vices de l'organisation
actuelle de l'Europe tirent tous leur source
des abus que je viens de développer ; ils ne
peuvent trouver leur remède que dans la réforme de ces abus.

Dans cette réforme, comme dans toutes
celles que j'ai précédemment indiquées, le premier signal a été donné par la France à toutes
les puissances qui sont intéressées à l'opérer.
Au commencement de la guerre, elle proposa
la mesure qui pouvait seule affranchir le commerce de ses entraves, et les neutres de leur
asservissement. Depuis cette époque, tourmentée par tous les malheurs de sa position,
exaspérée par la haine de ses ennemis, indis-
posée par l'indifférence de ceux qui devaient
la secourir, aigrie enfin par la partialité de
ceux qui auraient au moins dû rester indifférens dans la lutte dans laquelle elle était engagée, elle ne se crut pas astreinte à soutenir
un système de modération qui, dans des circonstances extrêmement épineuses, aurait été
plus qu'héroïque : elle imposa à son tour des
lois rigoureuses, elle contribua à aggraver le
malheur des neutres et la misère générale du
commerce. Je ne prétends point la disculper
d'un tort qu'elle a eu la gloire de reconnaître
et le mérite de réparer ; ce tort était le résultat

d'une erreur générale et de l'ignorance où la
France, ainsi que l'Europe entière, ont été
long-tems du véritable principe de la puissance des États et de la véritable règle de leur
justice. Mais depuis qu'un jour plus serein a
lui sur les destinées françaises, depuis que les
Français ont senti tout ce qu'on gagnait de
force en se conciliant, tout ce qu'on acquérait d'énergie en se soumettant à une direction
vigoureuse et sage, des dispositions générales
de confiance et de libéralité politique ont été
les premiers résultats de la concordance des
intérêts domestiques. Les mêmes sentimens
de cordialité et de franchise qui portaient les
factions à se dissoudre et tous les citoyens à
se rapprocher, ont présidé à l'appréciation
des causes de jalousie, de susceptibilité, d'irritation extérieure; les relations générales
avec les nations étrangères se sont ressenties
de l'harmonie des rapports intérieurs; les
alliés ont été appelés à une réunion plus intime, plus libérale et plus franche de sentimens et de mesures; la neutralité s'est vue
affranchie de ses plus dures entraves; le code
barbare de la guerre de mer a été adouci, et
toutes les nations ont pu voir que le gouvernement français, s'écartant de la marche or-
dinaire, se montrait plus généreux et plus

juste en proportion de ce qu'il acquérait plus de forces pour attaquer et plus de moyens pour se défendre.

Ce que la France a fait est le maximum de ce qu'elle a pu faire jusqu'à ce jour pour l'établissement du code public maritime ; elle a senti la première la nécessité de commencer ce grand ouvrage : ne pouvant abolir seule les lois générales de la course, elle a fait ce qui était en son pouvoir ; elle a réformé les siennes : elle en a rapporté les principes aux maximes de la neutralité moderne, qui n'était encore qu'une théorie. Son réglement maritime, les engagemens qu'elle est sur le point de contracter avec les États-Unis, prouveront quel est son respect pour l'indépendance des nations commerçantes, quels sont ses vœux pour qu'ils sentent enfin la nécessité de se délivrer des entraves qui garrotent leur industrie. Mais comme l'entreprise la plus insensée serait celle d'affranchir un peuple qui n'aurait pas le discernement nécessaire pour sentir tout le prix de la liberté, et assez de résolution pour la conquérir, le projet le plus chimérique serait celui de briser le joug qui pèse sur le système général de la navigation et du commerce, si tous les gouvernemens qui participent aux bienfaits de ce système manquaient de courage et de lumière, et ne voulaient faire aucun effort pour contribuer à se rendre indépendans. C'est aux neutres, c'est aux États même qui aujourd'hui combattent pour une cause ennemie de leurs intérêts, à mieux calculer ce que le soin de préserver ces droits et ces intérêts leur prescrit. Je les renvoie au développement des cinq mesures que j'ai indiquées dans le chapitre précédent.

Ce que j'ai dit sur cet objet est d'une si haute importance, et des vérités de cet ordre peuvent être présentées sous tant d'aspects différens, que je pourrais, sans me répéter, m'arrêter aussi long-tems que je voudrais sur la discussion des motifs qui doivent déterminer les gouvernemens à adopter ces vérités comme principes de conduite et comme règles de droit. Mais il ne faut pas non plus montrer une excessive défiance sur le bon sens des hommes qui sont chargés de la destinée des peuples. Le désordre aujourd'hui est parvenu à un tel excès, que tout le mal qui était possible est devenu danger prochain ; que les dangers de l'avenir ont été changés en maux réels et présens, et que le sentiment de ce que les gouvernemens et les peuples ont à souffrir, s'étendant sur tout ce qui peut être un objet de dommage ou d'injure, ne laisse plus de place à la prévoyance et à la crainte. Cette guerre a eu un caractère particulier d'exagération et de violence : elle a fait ressortir d'une manière extrêmement saillante le caractère et les principes de tous les gouvernemens existans. Les forts ont montré sans déguisement le but auquel leur ambition aspire ; les dominateurs ont déployé toute leur arrogance; les faibles ont fait voir jusqu'à quel excès ils pouvaient porter la condescendance , et on peut dire que, des maux qu'ont produits d'un côté le comble de l'avidité , et de l'autre le comble de la faiblesse , il résulte ; au moins pour tous les États maritimes , l'avantage de voir toutes les sources, toute l'étendue, toutes les conséquences du fléau qui pèse sur elles, et celui de sentir l'indispensable nécessité de changer leur situation.

Tout finirait par deux dispositions qui formeraient le droit public maritime du dix-neuvième siècle. Voici ces deux dispositions.

1º. La course est abolie : en tems de guerre, la souveraineté de territoire est transportée avec tous ses droits sous le pavillon des États qui ne prennent point de part à la guerre.

2º. En tems de paix , la navigation de peuple à peuple est affranchie de toute loi
de

de prohibition : il n'y aura d'exception que relativement au cabotage d'un port à l'autre, appartenans au même pays, et à la naviga- tion entre les colonies et leur métropole.

. Je sais tout ce que des dispositions aussi sages doivent rencontrer d'obstacles ; mais je ne les présente pas comme un objet de discussion à établir entre l'Angleterre et telle ou telle puissance neutre. Cet objet de discus- sion doit être traité entre la France et tous les États belligérans, hors l'Angleterre, et entre la France et les neutres. Or, un seul gou- vernement s'élevera-t-il pour dire que ces lois ne sont pas dans son intérêt ; et un seul publiciste osera-t-il dire qu'elles ne sont ni politiques ni justes ?

La difficulté n'est pas là : elle est dans la concert de tous les gouvernemens à consa- crer des lois, sans lesquelles ils seront cependant éternellement soumis à la domination d'une seule puissance : cette domination a déjà produit sur eux, soit par la crainte qu'elle inspire, soit par le système de cor- ruption qui s'est introduit dans toutes les cours, et qui partout a gagné des partisans puissans à la cause de la tyrannie maritime, une dégradation de sentimens peu compa- tible avec les efforts que demande l'exécu-

L

tion d'un système général de résistance com-
binée. Sur ce point, la France ne peut relever l'énergie des États opprimés que par son
exemple : elle ne peut venir à leur aide qu'en
leur traçant la route qu'elles doivent suivre,
et en s'y engageant la première.

La France a modifié les lois de la course :
elle ne cessera jamais de souhaiter leur abolition ; elle unira volontiers toutes ses forces
à celles des États qui réclameront à main
armée que ce monument d'ignorance et de
barbarie disparaisse de la législation des
siècles éclairés.

Elle pourra excepter de l'application des
lois de la course, qu'elle est encore obligée
de maintenir, toute association de gouvernemens qui, ayant déclaré qu'ils veulent que
leur pavillon soit libre, et leur navigation à
l'abri des vexations, des captures et de l'offense des visites de mer, armeraient, pour
s'assurer que cette déclaration sera respec-
tée.

Enfin elle pourra déclarer qu'au moment
où l'Angleterre sera disposée ou résignée à
consentir à l'abolition de la course, toutes
les lois françaises consacreront cette abolition, et toutes les forces françaises seront
employées à la maintenir.

Voilà tout ce qu'on peut attendre de la France, relativement à la première des deux dispositions que j'ai énoncées.

La seconde ne peut être encore, comme je l'ai dit, que l'ouvrage d'un concert entre toutes les puissances maritimes : mais ici elles peuvent être aidées par le concours des puissances continentales, qui n'ont pas moins d'intérêt qu'elles à l'affranchissement général du commerce de la mer.

Quelle que soit la prééminence maritime de l'Angleterre, et dût-elle s'accroître du point qu'elle fût la seule nation qui couvrît la mer de ses vaisseaux, l'intérêt de l'association de sa puissance et de son commerce se trouvera toujours placé dans les deux objets définitifs de toute industrie commerciale, celui d'acheter et celui de vendre. Or, dans ces deux objets, les forces qui servent à obtenir l'empire de la mer ne sont qu'un vain et dispendieux épouvantail : il faut que l'accès des rivières, le séjour dans les ports, la liberté du commerce littoral et continental, soient accordés à la nation dominatrice, pour que son commerce soit fructueux, pour que la protection que lui assure sa puissance soit payée par les bénéfices qu'il en retire. Le commerce anglais et la puissance anglaise sont donc, sous le point de vue de la source des profits de l'un et de la durée de l'autre, toujours immédiatement subordonnés, à la volonté des nations continentales que cette puissance et ce commerce appauvrissent, et des nations littorales que leur concours asservit.

Sous ce point de vue le commerce général, qui exerce une si grande influence sur toutes les puissances, vient se placer à son tour sous l'empire de leurs lois : il a des moyens pour féconder et pour décourager l'industrie de tel ou tel pays, pour élever ou déprimer les valeurs, pour multiplier ou diminuer les communications, les transports, les échanges; mais il ne peut surmonter les obstacles qu'il plaît à telle ou telle nation de lui opposer : partout, dans le point de contact qui unit ses mouvemens à ceux du commerce spécial d'une nation prise isolément, il est soumis aux volontés de la puissance locale.

Je sais bien que cet empire de la puissance locale ne peut se faire sentir que par des entraves, et je sais ce que veulent à cet égard les principes. Je n'ignore pas qu'ils proscrivent, comme des fléaux politiques, les gênes commerciales, les priviléges, les prohibitions. Personne plus que moi ne repousse ces chaînes fatales que le génie avide de la fiscalité a de tout tems imposées aux communications de l'industrie générale , et je dirai une fois ce que j'en pense pour n'avoir plus à y revenir.

Les lois prohibitives sont des impôts dont les étrangers sont seulement chargés de faire l'avance, et que les nationaux sont ensuite forcés de rembourser à un très-haut intérêt.

Les lois prohibitives n'atteignent que momentanément le commerce général ; elles retombent et pèsent avec durée sur le commerce national et sur la consommation locale.

Les lois prohibitives subordonnent les intérêts de la classe nombreuse des consommateurs à celle moins nombreuse des producteurs, et rentrent sous ce point de vue dans la liste odieuse des priviléges.

Les lois prohibitives sacrifient les droits communs aux droits privés, les droits privés aux droits du fisc, et par cette échelle inverse elles dénaturent le principe de sociabilité politique qui fait ressortir l'intérêt du fisc de celui de la propriété, et l'intérêt de la propriété qui produit de la classe nombreuse de l'industrie qui consomme.

Les lois prohitives rendent la puissance publique généralement odieuse, et font partager la haine qu'elles lui attirent au petit nombre qu'elles favorisent : de là des rapports d'animosité entre les membres de la société et les membres de l'État ; de là les distinctions et les jalousies sociales ; de là la honte attachée à la pauvreté , et l'insolence attachée à la richesse.

Les lois prohibitives donnent à la puissance un sentiment exagéré de ses forces et une haute idée de son habileté : de là l'esprit d'entreprise et d'arrogance qui, lorsque tout conspire à favoriser ses vues, conduit à une injuste et odieuse domination , et , lorsque quelque grand obstacle s'oppose à leur exécution , n'aboutit qu'à faire trouver la pauvreté au sein de la richesse , et la faiblesse dans l'appareil de la toute-puissance.

Telle est ma profession de foi sur les lois prohibitives : j'ai cru devoir l'exprimer avec quelque détail , parce qu'étant obligé d'en conseiller momentanément l'adoption, je ne veux pas qu'on m'impute d'en avoir méconnu les vices.

Je conseille les lois prohibitives , parce qu'elles sont le seul moyen d'arriver à faire adopter généralement les deux dispositions que j'ai déjà indiquées, et parce que ces deux dispositions une fois adoptées , les lois prohibitives seront pour jamais abolies.

Je les conseille , parce que le système des

lois prohibitives de l'Angleterre s'est telle-
lement combiné avec l'ascendant de sa puissance sur son commerce, et avec celui de son
commerce sur le commerce général, qu'il a
donné au génie fiscal de son gouvernement
le pouvoir funeste de faire supporter à toutes
les nations les inconvéniens du vice de ces
lois; en sorte que les lois prohibitives de l'Angleterre pèsent sur tous les peuples, comme
si elles étaient positivement établies chez eux.
Conseiller d'en introduire de nouvelles et de
les généraliser est moins une vue d'imitation
qu'un système d'attaque et de défense contre
celles qui existent : ce n'est pas les consacrer,
c'est les opposer les unes aux autres, pour
qu'elles se détruisent et que l'industrie générale soit en peu de tems délivrée de leur tyrannie.

Je les conseille, parce que dans des dangers
extrêmes il faut recourir à des moyens extrêmes, et que dans les maux que les remèdes
ordinaires ne peuvent guérir, le courage re-
commande l'usage des poisons même, et qu'un
art habile sait quelquefois les employer avec
succès.

Mais en conseillant les lois prohibitives,
je suis loin d'inviter les nations maritimes à
les établir sans prudence, à les généraliser

sans réserve, et à leur donner ce caractère de permanence et d'uniformité qui n'appartient qu'aux lois que les principes avouent. Cette mesure sort des règles politiques, comme la guerre sort des règles sociales ; et il faut mettre autant de sagesse à préparer sa réalisation, et autant d'énergie à l'assurer, qu'un général habile en met à préparer et assurer l'exécution des projets que son génie a conçus.

Les premières lois prohibitives qu'il convient à toutes les nations maritimes d'adopter, sont celles qui sont comprises dans ce qui porte le nom d'acte de navigation. Il est étrange que depuis plus d'un siècle l'Angleterre seule ait publié un tel acte, qu'on peut bien appeler une injonction autoritative faite à toutes les puissances et à tous les peuples, et qu'aucune puissance, aucun peuple, hors le gouvernement et le peuple des États-Unis, n'ait répondu à cette loi de guerre perpétuelle par une loi de représailles.

Un grand acte de navigation peut être conçu de manière à renfermer toutes les lois prohibitives du commerce local de chaque nation maritime, avec toutes les différences que leurs rapports et leurs localités exigent.

D'abord il ne me paraît pas utile et sage que cet acte, comme celui de l'Angleterre,

généralise toutes les nations dans ses défenses:
La première intention qui préside à la rédac-
tion de cet acte étant d'arriver à son abolition et à celle de tous les actes de ce genre ;
il ne faut pas qu'il soit un acte national, mais
fédératif ; il faut que la navigation des peuples qui sont engagés par des rapports d'alliance, soit autorisée, accueillie et également
protégée dans les ports respectifs. Je n'excepte
de cette loi de réciprocité que la navigation
entre les colonies et la métropole, qui, jusqu'à de meilleurs tems, doit rester privilé-
giée ; mais les importations lointaines ou étrangères, le cabotage même et les exportations, ne
doivent pas être assujetties à de plus grandes
entraves pour le commerce allié que pour le
commerce national.

Ainsi des idées d'association se mêlant à
celles de la prohibition, amèneront par degrés
un système d'association générale ; et, par
une conséquence nécessaire, l'abolition de
toutes les lois prohibitives.

Je ne m'arrêterai pas plus long-tems sur
cette idée : il est des vérités qu'il n'est pas
prudent de développer dans toute l'étendue
de leurs principes et de leurs conséquences ;
pour ne pas donner l'éveil aux passions qui
sont intéressées à empêcher qu'elles ne soient

adoptées. Ce n'est pas par voie de discussion et de réfutation que les passions procèdent ; elles suscitent des mouvemens violens , elles agitent, elles bouleversent , elles interposent des obstacles de séduction et d'intrigue entre les nations qui seraient tentées de se rapprocher , et les gouvernemens qui seraient disposés à s'entendre. Si les vérités que je viens d'exposer ne produisent aucun bien, ce n'est pas parce qu'elles ne seront pas senties ; c'est qu'elles s'adressent à des hommes dont l'esprit irrésolu flotte entre les préjugés et la perception de leurs intérêts ; à des hommes dont le caractère est énervé par l'habitude de craindre et de céder aux circonstances, dont les entours sont infectés d'ignorance, de corruption , d'espionnage ; à des hommes enfin qui se voient environnés de tant de périls , qu'ils n'osent en évaluer comparativement la gravité et l'imminence , qui vivent au jour le jour , et, traînant péniblement leur destinée et celle de leurs peuples, cherchent à oublier dans les plaisirs ou les ennuis d'une vie inactive , les malheurs de la dépendance , les vices de la pauvreté et les dangers de la faiblesse.

Je voulais seulement montrer quels doivent être les principes de la neutralité de la France, et compléter, par l'exposition de son système de conduite envers les neutres, le tableau de sa situation politique à l'égard de toutes les nations civilisées. J'avais prouvé que la France s'était montrée loyale et bienveillante à ses alliés, qu'il était dans ses principes, dans ses sentimens et dans ses intérêts d'être généreuse et juste envers ses ennemis ; il me restait à prouver que ses vues sur l'indépendance et la prospérité des autres États étaient également libérales et magnanimes : je crois l'avoir fait.

CHAPITRE VI.

Situation intérieure de la France.

LA puissance politique d'un État est le résultat de son organisation sociale : l'organisation sociale d'une nation se compose de plusieurs élémens. Les principaux sont : 1º. sa population ; 2º. son industrie ; 3º. ses lois ; 4º. ses mœurs. La connaissance de ces quatre élémens fondamentaux conduit à l'objet important pour la politique de chaque gouvernement, de discerner ses intérêts, de calculer ses droits et d'apprécier ses forces.

Dans les chapitres qui précèdent, je suis parti de ce discernement, de ce calcul et de cette appréciation, comme d'autant de données admises. J'ai à prouver maintenant, par l'examen des ressources qui dérivent des élémens de l'organisation sociale de la France, que ces données ne sont pas de pures hypothèses.

J'examinerai les ressources de la France, dans le même ordre de classification dans lequel je viens de présenter les quatre élémens de son organisation : je réunirai cependant, sous le même point de vue, les ressources

qui dérivent de sa population et de son industrie : je formerai un second tableau de celles
qu'elle peut retirer de l'état relatif de ses
mœurs et de ses lois.

SECTION PREMIÈRE.

Population et industrie de la France.

En politique, on ne peut séparer l'idée de
la population de celle de l'industrie. Une population déterminée donne des résultats de
puissance qui varient selon les divers degrés
d'industrie : un degré déterminé d'industrie
donne des résultats de richesse qui varient
selon la plus ou moins grande population
d'un État. Je ne puis donc considérer isolément ces deux élémens de l'organisation sociale de la France.

Sous l'empire du système commercial qui,
surtout depuis le milieu du dernier siècle, est
progressivement parvenu à maîtriser tous les
ressorts de l'économie politique, il ne peut
arriver aucun changement dans la population
d'un État, que ce changement ne porte sur
son industrie, et l'industrie n'éprouve aucune
variation que la population ne s'en ressente.
Il n'est pas nécessaire d'ajouter que ces modi-
fications, de quelque nature qu'elles soient,

ne manquent jamais d'affecter, soit en bien, soit en mal, la puissance et la richesse publique.

Dans l'organisation sociale d'un État, ces quatre termes, population, industrie, puissance et richesse publique, sont donc dans une correspondance perpétuelle d'action et de réaction, et les changemens que l'un des quatre subit, sont toujours ou cause ou effet de ceux qui surviennent dans les autres.

Mais en portant plus loin ses regards, on trouve que, dans un État pris isolément, chacun de ces quatre termes est en correspondance avec les termes analogues de l'organisation sociale de tous les autres États, en sorte que, recevant l'impression de tous les changemens que les autres éprouvent, et leur imprimant celle de tous les changemens qu'il subit, il s'établit entre toutes les nations et tous les gouvernemens un échange non interrompu de tous les biens et de tous les maux qui peuvent résulter des vicissitudes auxquelles la population, l'industrie, la puissance et la richesse de chaque peuple sont soumises.

Je prends pour exemple un des quatre termes que je viens de désigner : la population d'un État se compose d'élémens divers.

Les uns produisent, les autres rassemblent ; ceux-ci transportent, ceux-là échangent ; mais tous consomment : ce dernier point de vue appartient à tous les élémens de la population des États. Les consommateurs ne sont pas une classe ; ils forment la masse même et l'ensemble de la population.

Toute cause de dépopulation porte donc sur des consommateurs, et diminue la consommation dans un degré parfaitement proportionnel avec celui de la dépopulation.

Mais il y a diverses classes de consommateurs : il y en a qui ne consomment que des productions nationales ; d'autres consomment des produits d'une industrie étrangère : la dépopulation qui porte sur ces classes, affecte au même degré l'industrie productive des objets de leur consommation ; elle s'augmente ensuite de toutes les pertes que la population des classes productrices éprouve, et, comme ces producteurs sont en même tems consommateurs, la chaîne du mal se prolonge et circule indéfiniment.

Cette circulation atteint directement l'industrie et la population étrangères, quand la première impulsion vient de la dépopulation d'une classe de consommateurs de produits étrangers. On peut dire avec vérité que les

consommateurs appartiennent moins à la nation qu'ils habitent , qu'à celle dont ils consomment les productions ; en sorte que la
population de toute nation dont l'industrie
exporte ce qu'elle crée , se compose d'abord
des hommes qui consomment ses produits
chez elle, et ensuite de ceux qui les consomment au dehors : c'est de ce point qu'il faut
partir pour apprécier avec justesse l'action ,
la gravité et la direction des causes de dépopulation qui , dans le cours de cette guerre,
ont porté leur effet sur la France et sur tous
les États de l'Europe.

On ne peut contester que la guerre , en
augmentant les charges publiques, en dévas-
tant les contrées qui lui servent de théâtre, en
ralentissant et rendant plus difficiles et plus
rares les communications du commerce, ne
porte ses plus fortes atteintes sur la consommation des objets de production étrangère :
ces objets , renchéris par la diminution des
hommes qui s'occupent de les produire, par
l'aggravation de l'impôt local , par les entraves qui sont mises à leur importation ,
quelquefois par les interdictions dont ils sont
frappés, se présentent à l'échange avec d'autant plus de désavantage , que les consommateurs qui les achetaient, n'ont plus même

le

le moyen de les acquérir à leur ancien prix.

Le fardeau de la guerre pèse donc doublement sur les nations exportatrices; directement, en diminuant chez elles la faculté de
dépenser; indirectement, en diminuant cette
faculté chez les autres. Ce fardeau pèse à la
fois sur leur population intérieure et, si je
puis m'exprimer ainsi, sur leur population
extérieure, je veux dire celle de leurs consommateurs étrangers, et la dépopulation ne
s'arrête pas pour elles aux bornes de ce qui
périt par la guerre; elles ne se dépeuplent
pas seulement des hommes qui meurent, mais
encore de ceux qui s'appauvrissent. Du moment où leurs consommateurs étrangers ne
peuvent plus acheter leurs produits, ils cessent
de leur appartenir; ils sont pour elles comme
s'ils n'existaient pas.

Pour calculer comparativement la gravité
de ce fardeau sur chacun des États de l'Europe, il faudrait faire un examen appro-
fondi de la masse entière des produits que
chacun d'eux fait entrer dans la consommation étrangère, évaluer commercialement ce
genre de population que j'ai appelé leur population extérieure, sa diminution et l'effet
de cette diminution sur leur balance, sur
leur population productrice, sur leur indus-

M

trie , sur leur puissance et sur leur richesse publique. Ce travail ne peut se faire avec une précision rigoureuse ; mais il est aisé d'en présumer le résultat, et ce résultat peut s'exprimer par un principe dont il est impossible de contester la vérité : c'est que le fardeau de la guerre pèse plus ou moins sur l'industrie et sur la population d'une nation , selon qu'elle est plus ou moins manufacturière au-delà de ses besoins , qu'elle est plus ou moins exportatrice , et que sa population extérieure se compose, en temps de paix, de consommateurs étrangers plus ou moins riches et plus ou moins nombreux.

L'Angleterre est certainement, de toutes les nations de l'Europe , celle qui manufacture le plus d'objets étrangers à sa consommation, celle dont la richesse tient le plus à l'artifice de sa population extérieure et au bénéfice des exportations ; elle est donc la nation de l'Europe dont la population et l'industrie ont le plus à souffrir des destructions et des entraves de la guerre.

Il est impossible de ne pas s'étonner de la hardiesse avec laquelle les apologistes de la guerre actuelle et les prôneurs de la puissance anglaise affrontent l'évidence de cette vérité. Je ne perdrai pas beaucoup de tems à les

combattre ; il faudrait les suivre dans un
dédale extraordinairement compliqué de
chiffres, de tableaux comparatifs, auxquels
il ne manque que des témoignages qui leur
donnent force de preuves, et des faits qui
tirent tout ce vain étalage de calculs de la
classe imaginaire des hypothèses : je m'arrêterai seulement un instant sur la base de tout
l'échafaudage de leurs états comparatifs.

Selon M. Gentz , qui dans cette discussion est l'organe et l'écho du ministère anglais , les exportations anglaises ont éprouvé une augmentation considérable depuis le
commencement de la guerre ; la prospérité
de l'industrie manufacturière de l'Angleterre
s'est accrue dans la même proportion, et ,
pour que rien ne manque à l'invraisemblance
de ces assertions , M. Gentz ne craint pas ,
dans le même article, de citer avec approbation cette déclaration oraculaire du chevalier
d'Ivernois , que les capitaux et les produits
de l'industrie française ont diminué de quatre
cinquièmes depuis l'époque de la révolution.

Le chevalier d'Ivernois , dans l'ouvrage
que M. Gentz daigne citer , porte à la
moitié de l'ancienne population la perte
d'hommes et d'enfans que les ravages de la
guerre et de la révolution ont fait subir à

la France. Je ne rapproche ici ces deux extravagantes évaluations, que pour faire remarquer qu'elles sont une conséquence l'une de
l'autre ; mais j'ai lieu d'être étonné que le
chevalier d'Ivernois ait pu être une autorité
pour M. Gentz, et je le suis encore plus que
ce dernier écrivain n'ait pas senti qu'en donnant crédit à de telles appréciations , il allait
directement contre l'objet principal qu'il paraît avoir eu en vue en écrivant, de propager
en Europe une idée exagérée de la richesse anglaise, et de prouver que cette richesse s'était
accrue dans le cours de la guerre actuelle.

Comment M. Gentz a-t-il pu penser qu'un
État qui, avant la guerre, se composait, de son
aveu, de vingt-cinq millions de consommateurs
dont l'industrie et la culture étaient portées à
un haut degré de perfection, à qui, sous ce
double rapport, appartenait un des rôles les
plus importans dans le système général des
communications et des échanges, de la fortune commerciale duquel devaient dépendre
la subsistance et les bénéfices de tant de producteurs , de consommateurs , d'acheteurs
et de vendeurs étrangers , pouvait s'appauvrir, tomber dans l'inertie , perdre la moitié
de ses capitaux, de ses revenus, de ses habitans, sans que cette énorme diminution de

son industrie et de sa population portât atteinte à la population et à l'industrie des autres peuples ?

Et en mettant à l'écart cette considération, M. Gentz a-t-il pensé que les désastres que la guerre a constamment traînés à sa suite, en Allemagne, en Hollande, en Espagne, sur le sol des colonies, sur la surface de toutes les mers, que l'acharnement avec lequel le commerce neutre a été partout poursuivi, ont contribué à faire fleurir l'industrie, aug-menter la population, accroître la prospé-rité, la richesse et la puissance de toutes les nations de l'Europe, à l'exception de la France ?

Non sans doute, je n'accuserai ici M. Gentz que d'inattention ou d'inconséquence, et je ne pense pas qu'après avoir examiné ce su-jet avec un peu plus de réflexion, il refuse d'admettre avec moi que toutes les nations continentales de l'Europe ont partout sup-porté le fardeau de la guerre dans une pro-portion égale à la part qu'elles ont prise à ses dépenses, aux rapports plus ou moins immédiats qu'ils ont eus avec les puissances qui s'en sont arrogé la direction, et au béné-fice qu'ils retiraient avant cette fatale époque, des communications de leur commerce avec la

France. Il ne fera point entrer en compensation le bien que leur a fait la continuation de leur commerce avec l'Angleterre, et les subsides qu'elle a versés sur quelques États du continent; il ne saurait méconnaître que l'effet nécessaire de ces subsides a été de perpétuer la guerre; que l'effet nécessaire de la guerre a été de donner au commerce anglais un droit de domination et de monopole, et que le concours de ces deux effets a couvert l'Europe entière de fraudes, de ruines, de banqueroutes, de banques discréditées dès leur naissance, de papier d'État déprécié dès le premier moment de son émission.

Mais ces faits une fois admis, nous conduisent forcément à des conséquences directes contre l'étrange système auquel M. Gentz a consacré la plus remarquable partie de son ouvrage; car en reconnaissant que toutes les ressources, tous les moyens d'échange, de consommation et d'achat se sont graduellement épuisés sur le continent, il est difficile de rendre plausible que l'Angleterre ait vu s'accroître la masse et le bénéfice de ses exportations, la richesse et l'activité de ses manufactures. Tel est cependant le double paralogisme dont il a plû aux ministres du roi d'Angleterre d'entretenir le parlement pendant plusieurs séances, et que MM. Rose et Gentz ont entrepris de prouver par des écrits, dans lesquels on ne sait ce qu'on doit le plus admirer, de la patience avec laquelle leurs auteurs se sont voués au travail de rassembler une multitude infinie d'inductions tirées des registres des douanes et des budjets de toutes les années du siècle depuis la reine Anne, ou de la confiance avec laquelle ils présentent ces inductions pour des résultats mathématiques et des faits constatés.

Si la faculté de produire a diminué en France et dans toute l'étendue de l'Europe, je demande comment en France et en Europe la faculté d'acheter n'a pas diminué dans la même proportion; et si cette faculté ne s'est pas accrue, comment la faculté de produire, d'exporter et de vendre a-t-elle pu s'accroître en Angleterre? En ramenant toutes ces vaines questions de balance commerciale, de bénéfice final, de solde en argent, au point de contact qui unit indispensablement les intérêts et les facultés des consommateurs et des producteurs, des nations qui achètent et de celles qui vendent, on est sûr de ne jamais s'égarer. On n'avance pas, il est vrai, dans la connaissance détaillée des rapports réellement existans entre les peuples qui se battent et qui se ruinent ; mais on avance bien moins encore dans cette connaissance, en se reposant sur des calculs que l'expérience ne confirme pas, et qui sont démentis par les principes.

Je crois fermement que le livre de M. Gentz, que les budjets de M. Pitt, que les calculs de MM. Rose, Midleton, Beeke, etc. laissent encore la question toute entière sur l'état effectif du commerce intérieur et extérieur de l'Angleterre.

Le parlement d'Angleterre en a jugé autrement. Il a pensé que la question était résolue, et il a établi sur sa solution les bases d'un système de perception très-hardi, et dont le succès supposerait la vérité de toutes les données hasardées des écrivains que je viens de citer. Une aussi grande autorité doit-elle en imposer ? Doit-elle nous porter à croire que, dans le système commercial moderne, une nation essentiellement exportatrice et manufacturière puisse gagner à la diminution, à l'appauvrissement de ses acheteurs, à la ruine et à la dépopulation des peuples qui pour consommer ses produits ont besoin d'argent pour les acheter et de consommateurs pour les employer à leur usage ? Je ne le pense pas. Que peuvent des

assertions et même des lois? que peuvent des
états comparatifs laborieusement composés
contre l'évidence d'un principe?

Cependant on ne peut révoquer en doute
que le système d'impôt dernièrement consacré
par le parlement d'Angleterre n'ait eu, dès
son assiète, un succès presque complet ; et si
ce premier résultat n'annonce pas d'une manière indubitable celui des perceptions futures
dans des circonstances différentes, ou même
dans la prolongation des circonstances actuelles, il a suffi pour constater les progrès prodigieux que la puissance anglaise a faits dans
le cours de la guerre présente. Je ne puis méconnaître cet incontestable effet du pouvoir
de l'opinion et du crédit en Angleterre ; mais
c'est à ce pouvoir et non pas au progrès de
l'industrie ni à l'accroissement de la richesse
nationale des Anglais que je crois devoir attribuer, et le premier succès des dernières mesures fiscales du parlement, et l'accroissement
du pouvoir de leur gouvernement.

Comme, sous ce point de vue, la disparité
que je crois exister entre l'état de la puissance
et de la richesse publique en Angleterre, con-
trarie ce que j'ai dit plus haut de la constante
correspondance qui unit toujours la population, l'industrie, la puissance et la richesse

publique de tous les États , je crois devoir examiner ici par quels moyens extraordinaires la puissance publique en Angleterre est parvenue, dans ces derniers tems, à marcher isolément, à acquérir un principe de conservation et même de progression, indépendant des trois autres élémens de l'organisation sociale ; à s'étendre enfin et à se raffermir, pendant que la richesse, l'industrie et la population éprouvaient des atteintes plus ou moins funestes, et déclinaient pour ainsi dire simultanément.

J'observerai d'abord que les grands dangers, chez les nations comme chez les individus, provoquent de grands efforts, et que tout effort tend naturellement à opérer un développement extraordinaire de facultés. La guerre et la révolution ont fait avancer sur le continent tous les arts qui tiennent à la science militaire ; la France a tout sacrifié au succès de cette science et de ces arts, qui ont fait sa sûreté pendant que toute l'Europe était armée contr'elle, et sa gloire pendant que toutes les passions semblaient conjurées pour la flétrir. En Angleterre, tous les soins du gouvernement ont été voués au perfectionnement de l'art de l'emprunt, et il est impossible de ne pas convenir que cet art, à dater de l'an 1799, ne se soit enrichi de combinaisons extrêmement savantes et extrêmement fécondes. L'Angleterre lui doit le crédit dont son gouvernement jouit aujourd'hui, et la puissance de son gouvernement est principalement fondée sur ce crédit.

La science de l'impôt, qui est infiniment plus vaste dans ses combinaisons, n'a pas fait autant de progrès en Angleterre : cependant le gouvernement n'a porté sur rien une attention aussi soutenue que sur les mouvemens de son système fiscal, et sur les rapports de ce système avec celui de l'industrie. Habile à saisir les vicissitudes de ce dernier système, il n'a jamais manqué de reporter sur les branches de l'industrie productrice dont la guerre favorisait les spéculations, les charges dont il soulageait celles que la guerre appauvrissait; étudiant d'année en année les variations de la fortune publique dans toutes les classes dont le travail, les consommations et les produits composent les divers élémens de la statistique industrielle d'un État, il n'a jamais perdu de vue ce principe, que tout impôt dont la perception devient plus difficile, doit être diminué; que tout impôt dont la perception devient plus aisée, peut être augmenté sans inconvénient : de là tous les changemens de détail que le gouvernement anglais a faits dans ses budjets annuels, depuis l'année 1793 jusqu'à ce jour.

En variant ainsi sa marche, le gouvernement a d'abord rendu le sort de sa puissance entièrement indépendant de celui des classes de la population nationale dont la guerre atteignait l'industrie. La misère de ces classes ne l'a plus affecté comme un obstacle fiscal : leur population a diminué sans que ses ressources s'en soient ressenties ; l'impossibité, pour ces classes, de subsister sans travail n'a plus été pour lui qu'un inconvénient social auquel il a pourvu par une augmentation de la taxe des pauvres, qui, étant aujourd'hui plus que triple de ce qu'elle était avant la guerre, sert à prouver en même tems ce que j'ai dit plus haut de l'appauvrissement de l'industrie manufacturière de l'Angleterre, et l'art avec lequel le gouvernement a su parer le contreçoup de cet appauvrissement.

Pour mieux préciser l'objet de cette discussion, je divise la population industrielle de l'Angleterre en trois classes : celle qui a éprouvé, d'une manière fatale, les atteintes destructives de la guerre ; celle qui en a peu ou point souffert ; celle qui a spéculé sur la guerre, avec plus ou moins de possibilité d'y gagner.

La première classe est peuplée de victimes

sur lesquelles les ministres et les polémistes
de la guerre ont peu arrêté leur attention :
le parlement a porté sur les autres le fardeau
qui pesait sur elle ; il a de plus fondé une
taxe annuelle qui s'est graduellement élevée
de deux millions à plus de cinq millions sterling, pour subvenir à la subsistance des
hommes de cette classe que le désespoir ou
la faim n'a pas fait périr. Des secours aussi
abondans, en rendant facile la tâche de contenir une multitude de malheureux que la
misère et l'oisiveté auraient sans doute excité
au désordre et à la licence, ont d'abord produit l'heureux effet de donner une haute
idée de la richesse et de la munificence nationale , et ensuite le gouvernement, une fois
délivré de toute sollicitude relativement aux
intérêts et aux besoins de cette classe stérile,
a pu resserrer le lien qui l'unit aux deux
autres classes : deux causes ont singuliérement contribué à cette intime association.

La diminution des exportations et des
ventes à l'étranger , la décadence de la navigation des neutres, la ruine de la marine
française, l'acquisition de nouvelles colonies
dans les deux Indes , les succès et la prééminence non contestés de la marine anglaise, ont
concouru à accumuler, dans toute l'étendue

de l'Angleterre, une masse considérable de productions de la nature et de l'art, auxquelles la rareté des ventes et l'art du monopole ont fait attribuer, comme permanent, un prix purement hypothétique et fictif : de là une opinion exagérée des moyens du commerce, même au moment de la plus grande inertie de ces moyens ; de là des rapports de confiance entre la classe d'hommes qu'on appelle en Angleterre *moneyed men* (capitalistes d'argent) et le marchand ; de là l'existence et la vie non interrompue de ce crédit général, qui donne à tout propriétaire, de quelque genre de capitaux que ce soit, la disponibilité d'une valeur monétaire supérieure à la propriété qu'il offre en garantie.

Le mot crédit a une acception vague : en recherchant sa source, on voit qu'il n'est que la confiance qui unit les intérêts des propriétaires de biens - fonds ou de capitaux d'industrie avec ceux des capitalistes ou propriétaires d'argent, et on se fait alors une idée claire de ce qu'on appelle crédit. Dans l'organisation sociale, les capitalistes d'argent s'interposent entre toutes les professions et toutes les classes, recevant des unes le dépôt des profits, faisant des avances aux autres, facilitant l'acquit des dépenses, et animant, dans les plus petites comme dans les plus grandes ramifications de l'industrie , la circulation qui assure la subsistance à tous les agens du travail , et le ressort de l'épargne , qui est le premier élément de la propriété, le premier mobile de la reproduction et le premier principe de la solvabilité de l'impôt : telle est la source , tels sont les effets du crédit.

La guerre actuelle n'en a ralenti l'activité en Angleterre , que dans les rapports des capitalistes d'argent avec les agens des manufactures d'objets de consommation étran - gère : cette activité s'est conservée la même dans tous les autres rapports de la classe des capitalistes d'argent. Je dis plus : dans ces rapports , le crédit a donné des signes d'une nouvelle énergie , puisque, dans l'an 5 , il a su résister à des atteintes qui , en d'autres tems , eussent été mortelles , puisque, dans tout le cours de la guerre , il a été moins exigeant sur ses garanties , puisqu'il a soutenu de ses secours les capitalistes de biens et d'industrie , dans le temps où ceux - ci avaient à supporter de plus grandes charges, et où ils faisaient moins d'emploi ou un emploi moins fructueux de leurs capitaux.

Ainsi, comme je l'ai annoncé , le crédit a

agi , comme première cause d'union d'intérêts , entre la puissance publique et toutes
celles des classes de l'industrie auxquelles il
a fourni les moyens de subvenir aux dépenses
de l'État ; et bien que la richesse nationale
ait considérablement souffert de la stérilité
de la classe manufacturière et de la diminution des ventes au dehors , le crédit général
a conservé au gouvernement toutes les ressources dont il a eu besoin pour exécuter
ses projets.

Il est même résulté de cette union d'intérêts entre l'une et l'autre classe de capitalistes, et entre ces deux classes et le gouvernement, que non-seulement les impôts et leur
surcharge ont été payés, mais encore que
les emprunts du gouvernement ont été remplis : les capitalistes de biens-fonds ou d'industrie ont emprunté pour payer l'impôt ;
ils ont emprunté encore pour prêter au gouvernement. Il faudrait un long développement
sur le mécanisme matériel de la circulation
en Angleterre, sur la facilité, la multiplicité,
la diversité des ressorts de cette circulation ,
sur le besoin de prêter qui correspond au
besoin d'emprunter : il faudrait encore une
longue explication des circonstances particulières dans lesquelles les prêteurs et les emprunteurs

prunteurs se sont trouvés en Angleterre, dans ces derniers tems, pour montrer que l'effet naturel de l'impulsion donnée par le crédit aux propriétaires de toutes les classes a dû être de les disposer à payer, à prêter, et même à donner au gouvernement sur les fonds qu'ils étaient souvent obligés d'emprunter.

Mais en exposant la seconde cause de l'union d'intérêts qui a lié les classes dont je parle à la puissance publique dans le cours de cette guerre, je suppléerai peut-être à cette explication. Cette seconde cause d'union se trouve dans les passions que la révolution française a partout suscitées, et que le gouvernement anglais a pris un soin particulier de fomenter et d'entretenir. Depuis le commencement de la guerre il n'a cessé de représenter aux Anglais de toutes les classes, qu'ils étaient sur le bord d'un abîme, que leur vie et leur fortune étaient attachées à la ruine de la France, au succès de la coalition, à la toute-puissante influence de leur gouvernement : de là leur patience, leur résignation et leurs constans efforts ; de là le relâchement de ces principes d'exigeance et de sévérité qui auparavant rendaient les préteurs si difficiles ; de là l'altération de ces sentimens d'indépendance sociale qui rendaient l'oppo-

sition si soigneuse et si hardie sur les sauve-
gardes constitutionnelles. Par ces changemens
de dispositions, les rapports du gouvernement avec les intérêts sociaux et les intérêts
politiques de la nation se sont organisés sur
des principes ou du moins sur des maximes
nouvelles ; la nation s'est plus aveuglément
confiée à la direction du gouvernement. Une
sorte de contre-révolution temporaire s'est
constituée sur les mêmes bases de dangers et
d'alarmes sur lesquelles la révolution s'était
établie en France : elle a nourri la nation des
mêmes espérances de domination extérieure,
de richesses futures ; elle l'a entretenue des
mêmes haines, des mêmes jalousies, des
mêmes ressentimens ; elle l'a fait devenir plus
docile et plus résignée, et a rendu le gouvernement plus riche, plus opiniâtre et plus
puissant.

Quelle sera l'issue de cette exagération de
crédit et de moyens? Il est difficile de le présumer avec quelque degré de certitude.. Il y
a dans la perspective de l'avenir qui doit suivre immédiatement l'époque de la paix, un
mélange de biens et de maux dont il serait
téméraire de vouloir faire d'avance une répartition qui ne peut être que conjecturale.
Cependant, sans trop engager sa prévoyance,

on peut poser en fait que les assertions de
M. Gentz, sur la permanence de l'état progressif de l'industrie anglaise, ne sont que des conjectures hasardées; qu'en admettant avec lui
que l'art de l'emprunt a été considérablement
perfectionné par l'établissement de la caisse
d'amortissement et par l'impôt sur les revenus, il n'est rien moins que prouvé que toutes
les conséquences qui, selon lui, doivent en
résulter, soient à l'abri de toute éventualité
prochaine ou éloignée, que la masse des impôts actuellement perçus en Angleterre soit
également prélevable dans une autre année
de guerre, que la perception du revenu permanent soit constamment de 26,773,000 liv.
sterl., et que la taxe des revenus qui doit
amortir la dette des trois dernières années
s'élève à la somme de 7,500,000 liv. sterl.,
autant de tems qu'on aura besoin qu'elle soit
assise pour que cette dette soit amortie.

J'observerai à cet écrivain, 1°. que la fasci-
nation des dangers et des alarmes ne peut
pas survivre à la guerre, et qu'alors remplacée par cette susceptibilité si naturelle à
une nation depuis long - tems libre, et par
ces regrets si puissans sur des cœurs qu'on a
indignement abusés, elle entraînera, en s'é-
vanouissant, tout l'artifice des prétextes sur

lesquels le gouvernement d'Angleterre s'est permis de violer les lois constitutionnelles de sa nation, et d'en prodiguer le sang et les trésors pour une cause entiérement étrangère à ses intérêts.

2°. Qu'à la paix tout ce qui pendant les années de la guerre a servi de garantie au crédit, s'évaluera rigoureusement, que les entassemens de produits et d'objets d'industrie se vendront infiniment au dessous de l'estimation qui en a été faite, que les emprunteurs et les prêteurs partageront la perte de leurs calculs exagérés, et que le crédit revenant, par l'effet de l'échec qu'il subira, à ses anciennes maximes d'exigeance, perdra cette activité féconde qui lui fait porter des secours dans les branches de l'industrie qu'il ravive aujourd'hui, cessera d'en lier les diverses classes et de cimenter l'union qui existe entr'elles et le gouvernement.

3°. Que l'impôt de 7,500,000 liv. sterling annoncé par son auteur comme devant produire dix millions, est moins une taxe sur le revenu, qu'une expropriation d'une partie aliquote du capital; que sous ce point de vue elle n'est pas, comme toutes les autres, une subvention prise sur le produit annuel, mais une diminution sur la totalité du fonds;

qu'alors elle est pour le propriétaire, une obligation d'emprunter s'il veut obéir à la loi ;
qu'au tems où elle a été assise, cette obligation n'était pas seulement dans la nature
de la taxe, mais dans la position même des
contribuables; qu'une telle obligation devient
progressivement plus difficile à remplir la
seconde, la sixième année que la première,
et que dans peu de tems, à la fin peut-être
de l'année prochaine, et sûrement une année
après la paix, on saura si ce fameux impôt
sur le revenu est une des plus heureuses ou
une des plus extravagantes inventions du
génie fiscal des ministres anglais.

Je ne veux pas conclure de là que l'industrie et la richesse nationale de l'Angleterre
doivent se ressentir d'une manière fâcheuse
des résultats généraux de la paix. Loin de
moi une aussi absurde, une aussi immorale
induction ! L'un et l'autre de ces deux élémens de l'organisation sociale, en Angleterre
comme ailleurs, ne manqueront pas, aussitôt
que leurs entraves seront brisées, de retrouver
le principe d'activité qui doit féconder leurs
mouvemens, et le mode et la direction qui
conviendront le plus au tems, aux lieux et
aux circonstances ; mais le crédit sera nécessairement conduit à changer ses rapports :

les nouvelles bases sur lesquelles il cherchera
à se rétablir, plus favorables à l'intérêt général, seront moins fructueuses pour le fisc;
elles mettront bien l'industrie en état de se
relever et d'acquitter largement, comme elle
faisait il y a dix ans, les dépenses publiques;
mais proclamer qu'après huit ans d'une guerre
qui s'est distinguée par un caractère particulier d'acharnement et de destruction, la
surcharge du doublement d'une dette nationale qui s'élevait à plus de quatre milliards,
ne sera qu'un poids léger pour l'industrie nationale, et qu'une très-grande partie de cette
surcharge sera très - probablement amortie
dans le cours des trois premières années de
la paix, c'est une exagération de confiance
que les apologistes du ministère anglais ten-
teront en vain, je pense, de faire partager au
public.

La perspective comparée de l'avenir de la
France et de celui de l'Angleterre, sous le
dernier point de vue que je viens de présenter, offre à nos espérances des avantages
qu'il suffit d'indiquer. La dette nationale de
France ne grève pas l'État d'une dépense annuelle de trois millions sterling, dont plus
de la moitié consiste en annuités. Cette même
perspective, sous tous les points de vue que

j'ai examinés plus haut, nous présente des avantages remarquables sur lesquels il est important de faire quelques observations : elles appartiennent nécessairement à cette discussion, et font l'essence même du sujet que je traite.

M. d'Ivernois, qui a suivi avec la plus infatigable activité toutes les mesures du gouvernement de France et les actes des législatures françaises qui avaient trait à la guerre, n'a jamais manqué, à toutes les époques un peu marquantes, de rassurer l'Europe par des tableaux faits avec le soin le plus minutieux de la faiblesse de nos ressources et de la détérioration absolue de nos moyens. Toujours il a vu l'État réduit à des expédiens, les armées incomplètes, les finances épuisées, et un déficit s'accroissant progressivement jusqu'à la somme de neuf cent treize millions, qu'il suppose être le déficit inévitable de l'état des finances de l'an 8.

La campagne de l'an 8, l'état militaire que la France entretient dans ce moment, et l'article *dette publique* du tableau des dépenses du ministre des finances pour l'an 9, répondront suffisamment aux allégations prophétiques de M. d'Ivernois sur le déficit progressif de la France : ce n'est pas d'ailleurs ici le moment de discuter cette partie des assertions de cet écrivain.

Quant à ce qu'il assure et répète dans tous ses écrits, de la faiblesse comparative des armées et des finances françaises, relativement aux finances anglaises et aux armées de la coalition, je ne vois aucune nécessité de le contredire sur ce point. J'admettrai avec lui que, dans presque toutes les époques de la guerre, les cadres des armées, arrêtés par les assemblées législatives, n'ont pas été complets; que les états de recette proposés par le ministre des finances et adoptés par les représentans de la nation, n'ont pas été entièrement acquittés par les contribuables; qu'avant l'an 8 il y a eu des années qui n'ont pas produit trois cent soixante-cinq millions de recette au fisc, qu'il y en a peut-être qui n'ont pas produit deux cents millions effectifs : quelles conséquences peut-on tirer de ces données ?

La France a-t-elle constamment résisté aux efforts de ses ennemis? les a-t-elle empêché d'envahir son territoire? a-t-elle pénétré deux fois au cœur de l'Allemagne ? a-t-elle pacifié la Prusse, l'Espagne et la Hollande? a-t-elle conquis deux fois l'Italie? Ce sont là les résultats que les écrivains qui déchirent la

France par leurs invectives et la dépriment
par leurs calculs, doivent chercher à réfuter ;
et s'ils ne peuvent y parvenir, il faut qu'ils
reconnaissent, ou que la France a trouvé dans
son sein de plus puissantes ressources que
celles qu'il leur a plû de déterminer, ou
qu'elle a su triompher des plus grands obstacles avec les plus faibles moyens.

Il faut être vrai : quelqu'exagération que
les dépréciateurs de la France aient mise dans
le rabais de leurs évaluations, on doit convenir que toujours les recettes annuelles ont été
loin de remplir l'état des perceptions procla-
mées par les lois de l'impôt, que toujours
l'effectif des armées a été considérablement au
dessous de l'état arrêté par le gouvernement
et par les législatures ; et si cependant la
France a constamment échappé aux inconvéniens de cette double disproportion, ce n'est
pas à la fortune, ce n'est pas aux discordes
des ennemis de la France, ce n'est pas même
uniquement au courage de ses armées et à cet
esprit généreux d'indépendance qui, dans les
plus dures années de la révolution, n'a cessé
d'animer les Français, qu'il faut attribuer cet
honorable résultat de leur persévérance et de
leur énergie : deux circonstances remarquables méritent d'être tirées de la foule des causes,

et doivent être présentées isolément, comme ayant contribué plus que les autres à la suite presque non interrompue des succès de la France sur ses ennemis.

Les Français, dans ces derniers tems, ont perfectionné l'art de la guerre. Les Français ont toujours établi le théâtre de la guerre chez les peuples voisins. C'est dans les développemens et les rapprochemens de tous les faits historiques qui tiennent à l'action simultanée de ces deux causes, que les ennemis de la révolution trouveront l'explication de ce grand phénomène qui les a étonnés et qui les étonne encore sans les instruire, je veux dire de la constante supériorité d'une république ruinée, qui ne pouvait entretenir ses armées, qui ne pouvait les recruter que d'une manière insuffisante et inégale, sur des ennemis qui possédaient toutes les richesses du Monde, et pouvaient armer contr'elle les forces réunies de tous les États du continent.

La première de ces deux causes ne saurait être développée dans un écrit qui, par son objet, ne peut renfermer que des généralités, et par son étendue ne permet pas même d'effleurer superficiellement un tel sujet. Je ne pense pas d'ailleurs qu'il soit besoin de prouver ce que l'opinion publique a comme consacré , ni qu'il soit permis de discuter les progrès d'un art avant que les hommes à qui ses nouvelles théories appartiennent, aient eu le tems et montré le desir de dévoiler au public les secrets de leur génie.

Comme fait historique , ces progrès me semblent suffisamment constatés par une foule de circonstances.

L'histoire militaire des ennemis de la France offre à chaque campagne des changemens inopinés de chefs et d'entreprises , des réputations démenties par des défaites imprévues, des disgraces qui ne punissaient que l'infortune , et des revers enfin qu'aucun historien contemporain n'imputera ni à un défaut de courage parmi les soldats, ni à un manque d'expérience de la part des généraux.

L'histoire militaire de la France offre sans cesse des plans uniformes fortement conçus , persévéramment suivis, des réputations nouvelles , éclatantes dès leur début, toujours croissantes et se soutenant par une suite non interrompue de succès. L'opposition de ces deux tableaux peut-elle autrement s'expliquer que par l'état relativement stationnaire et progressif de l'art, borné pour les uns à des pratiques circonscrites et surannées, agrandi pour les autres par des procédés inconnus,

hardis et d'autant plus efficaces que leur nouveauté trompait la prévoyance de l'ennemi,
et le forçait toujours à se tenir sur une défensive incertaine et mal assurée.

J'ajouterai qu'au seul périqde de la guerre
où la France ait essuyé des revers, ses ennemis, soit par l'effet d'une circonstance particulière, soit par un principe d'imitation,
abandonnèrent les maximes de leur tactique
pour adopter en grande partie celles de la
tactique française ; qu'alors le plus grand de
nos généraux était éloigné du théâtre de la
guerre d'Europe, et que la destinée voulut
que la France fût gouvernée par des hommes
qui, ne sachant que se confier aveuglément
à la fortune, pensaient que l'ignorance, la
fougue et la ténacité pouvaient remplacer
l'expérience et le génie ; que le courage n'avait
pas besoin de guide, et que partout la sagesse
et le discernement pouvaient être suppléés par
l'obstination et par la violence.

Je ne ferai plus sur cet objet, que je suis
d'ailleurs peu capable d'approfondir, qu'une
remarque qui excitera la surprise de plus d'un
observateur inattentif, et cette remarque me
ramène naturellement au point d'où je suis
parti ; c'est que les armées françaises, généralement moins nombreuses que celles des

ennemis, se sont rarement présentées au combat dans la disproportion de leur nombre. Une étude réfléchie de la campagne de l'an 4, la plus mémorable de la guerre, suffirait pour faire ressortir avec éclat cette observation qui n'échappera pas sans doute à l'œil attentif de l'histoire. Dans aucun tems on ne vit des armées plus nombreuses vaincues par des forces plus disproportionnées; et cependant, suivez dans ses savans et rapides mouvemens le général à jamais célèbre qui, toujours avec la même armée, dispersa, dans le court espace de quelques mois, cinq armées successives; qui, forcé tantôt de diviser ses forces pour conserver sa conquête, tantôt de les concentrer pour l'agrandir, avait toujours à craindre qu'un seul revers ne compromît une des plus belles moissons de gloire qui jamais ait été recueillie : on ne trouvera pas que, dans une seule bataille, il ait été inférieur en nombre à l'ennemi qu'il avait à combattre. Toujours accélérant la marche de ses rassemblemens, et triomphant du tems et des distances avant d'essayer la fortune du combat, il avait déjà, au moment de l'action, vaincu toutes les difficultés, et se tenait sûr de battre l'ennemi, sur lequel il avait, à force de célérité et de génie, acquis l'avan-

tage du nombre, le premier de tous les avantages , au jugement des hommes qui savent
qu'un champ de bataille n'est pas une scène
de théâtre, et que ce n'est ni de fictions ni
de prodiges , mais de combinaisons matérielles vigoureusement conçues et habilement
exécutées, que se composent l'histoire d'un
grand - homme de guerre et le tableau des
obstacles qu'il est dans sa destinée de combattre sans cesse et de surmonter laborieusement.

J'en ai plus dit sur cet objet que je n'avais
le droit d'en dire. Je dois parler maintenant
de la seconde circonstance , à laquelle j'at-
tache une presqu'égale importance , je veux
dire l'avantage d'avoir pu porter constamment le théâtre de la guerre hors du territoire de la République. Je puis parler de
cette cause avec plus de confiance , parce
qu. je ne l'envisagerai pas militairement ,
mais sous un point de vue purement politique et administratif.

La France est de tous les États de l'Europe celui qui est le plus heureusement cir-
conscrit. Environnée sur presque tous les
points de sa circonférence , de mers et de
montagnes , elle n'est abordable que par ses
limites du Nord ; là elle se trouve défendue

par une population guerrière , et la longue
expérience d'un danger qu'il a toujours fallu
prévenir , a multiplié , sur cette étendue de
limites , tous les moyens de préservation que
la tactique défensive a successivement in-
ventés.

C'est principalement à cette circonscription que la France, dans tous les tems , a dû
l'avantage de former une nation homogène,
indépendante sur son territoire , et conqué-
rante quand l'excès de sa population l'excitait à faire des excursions au dehors. Dans
les siècles les plus reculés de l'histoire, on
voit les Gaulois porter leurs armes triomphantes en Italie , en Grèce , en Asie , et y
fonder des établissemens qui conservent encore aujourd'hui leur nom.

Les Gaules furent deux fois conquises ; la
première , par un peuple auquel rien ne ré-
sista sur la terre, les Romains ; la seconde,
par les Francs. A chacune de ces deux
époques les conquérans s'établirent sur toute
l'étendue du territoire , et formèrent une
nation identique qui , changeant de mœurs
et se mêlant aux vaincus , se composa toujours un caractère , un idiôme commun,
résultat des communications journalières
entre les indigènes et les nouveaux habitans.

Les usages, les mœurs et la langue des Français offrent ainsi une combinaison des habitudes des Gaulois, des Romains et des Francs.

Depuis l'invasion de ce dernier peuple, jamais la France n'a été conquise ; toujours elle a été gouvernée par des institutions générales et à peu près semblables dans toutes les divisions de son territoire. Ses princes ont donné des lois à presque tous les peuples civilisés ; et les trônes de l'Europe sont en grande partie remplis par des familles françaises. La France, depuis que le pays qu'elle occupe porte ce nom, n'a jamais été que momentanément et partiellement envahie. Depuis qu'elle est habitée par les Francs, elle n'a jamais obéi à des souverains étrangers.

Depuis que le commerce a établi entre les nations des communications étendues et constantes, et entre les gouvernemens et les peuples des liens d'intérêt et de besoin qui leur font sentir d'une manière plus ou moins distincte le but et les limites de l'ascendant qu'ils doivent exercer les uns sur les autres, les guerres qui ont été entreprises ont eu un objet plus indéterminé ; les invasions sont devenues plus difficiles ; les démarcations ont été plus constantes : on s'est moins battu pour

pour conquérir que pour ravager ; et quand
des avantages marqués ont décidé de la supériorité d'une des puissances belligérantes ,
elle a exigé le sacrifice du territoire de ses
ennemis, moins par droit de conquête qu'en
vertu de quelque titre suranné que de meilleures circonstances lui donnaient le droit
de faire valoir. C'est ainsi que la Maison
d'Autriche , c'est ainsi que la Maison de
Brandebourg et toutes les autres puissances
de l'Europe se sont composé leur domination
actuelle sur les divers États qui obéissent à
leurs lois.

Aucune puissance n'a eu plus de droits de
cette nature à faire valoir, que la France ;
aucune ne les a moins réalisés : cependant
on citerait à peine une guerre où elle n'ait
constamment porté l'alarme au sein même des
États de l'ennemi. Toutes les victoires qu'elle
a remportées sont connues dans l'histoire par
des noms espagnols, italiens, allemands. On
a toujours vu ses armées, dès le début de la
guerre , s'établir au - delà de ses limites ,
s'étendre sans cesse, et revenir ensuite à la
paix, laissant au vaincu, par des stipulations
libérales, tout le pays que leur courage avait
conquis.

Il est vrai que, de cette disposition invariable, il est persévéramment résulté un avantage au dessus de toute comparaison ; celui d'éloigner du territoire français le théâtre de la guerre, et d'en faire supporter le fardeau à l'étranger. Cet avantage, inaliénable puisqu'il tient autant à la situation géographique de la France qu'au caractère de ses habitans, a eu, dans tous les tems, un résultat plus favorable à la puissance française, que tous ceux qu'elle eût pu retirer d'un agrandissement de territoire.

Après une guerre glorieuse, les Français rentraient dans leurs foyers, y conservaient l'identité de leur caractère, l'intégrite de leurs provinces, l'excellente circonscription de leurs limites. Les armées françaises laissaient derrière elles un pays appauvri et dévasté, et retrouvaient dans leur patrie des campagnes fertiles et une population industrieuse que leurs victoires avaient préservées des dévastations de l'ennemi. Elles avaient été entretenues, nourries et souvent soldées à ses dépens, et le fisc moins épuisé, et la France moins surchargée d'impôts de guerre, pouvaient plus facilement fournir aux dépenses de l'établissement de paix.

On ne trouvera pas dans l'histoire des deux siècles derniers une cause qui ait plus puissamment contribué à maintenir la puissance française au degré où elle s'est soutenue , malgré la suite successive des guerres dispendieuses qu'elle a été obligée de soutenir : on n'en trouvera pas une dans l'histoire de la guerre actuelle , qui puisse mieux rendre compte de la consistance de la France , considérée comme puissance militaire , malgré la détresse persévérante à laquelle le fisc de la République a été réduit pendant tout le cours de la révolution.

Si j'étais doué de cette hardiesse d'évaluation qui inspire aux écrivains de la coalition d'apprécier avec une précision affectée les sommes qu'exige en France le maintien de chacune de ses armées, toutes celles que la misère du peuple lui permet à peine de payer, et le montant annuel des dépenses qui graduellement ont dû faire arriver jusqu'à neuf cent treize millions le déficit progressif sur lequel ils fondent l'espoir d'une crise nouvelle au sein de la France et de la chute de son gouvernement actuel , je calculerais avec détail les compensations que la France a su trouver hors de son territoire, non-seulement pour l'entretien militaire des armées qui s'y sont établies depuis le commencement de la guerre, mais encore pour

O 2

les besoins de son administration intérieure ; je hasarderais de dire que, dans la première campagne d'Italie, un peu plus d'une année de séjour de l'armée française au-delà des Alpes a épargné à la France une recette de plus de cent soixante millions ; je dirais de combien la campagne qui donna la Belgique à la France, celle qui incorpora la Savoie et le comté de Nice soulagèrent le trésor de la République ; combien de millions furent fournis en argent et en objets de consommation par la Hollande, indépendamment de la subvention stipulée par son alliance ; quelles contributions furent levées sur les deux rives du Rhin ; de quel secours furent et sont encore, pour la subsistance des armées françaises, la Souabe, la Bavière et toutes les parties de l'Empire qui ont été temporairement occupées par les troupes françaises : mais outre que des calculs dont les données sont plus ou moins hypothétiques, ont peu d'attrait pour des lecteurs français, nous n'avons pas ici le même intérêt qu'en Angleterre, à faire annuellement à la nation un roman de sa richesse, de ses dépenses, de ses ressources.

En France, le crédit n'est pas organisé sur une échelle aussi vaste, et ne se forme pas

d'élémens aussi nombreux, aussi difficiles à
combiner : les oreilles françaises ne sont pas
tourmentées du bruit des milliards que l'État
doit payer; l'or et l'argent s'y montrent seuls,
sans rencontrer dans les canaux de la circulation ces flots légers de papiers monétisés,
de billets d'échiquier, de marine, de ban-
que, etc. etc. qui, plus faciles à mouvoir et
à multiplier que le numéraire qu'ils rem-
placent, servent moins à constater l'état de
la fortune publique, qu'à entretenir des illusions favorables au crédit, à subordonner les
intérêts de la richesse nationale aux vues de
la puissance, et à faciliter l'abus que celle-ci
peut faire de l'excès de son ascendant.

Le gouvernement français n'a pas besoin,
comme celui d'Angleterre, d'étaler à tous les
yeux, d'exagérer, de colorer le tableau de
la statistique nationale, pour faire supporter
sans effroi la perspective des dépenses de
l'année. Que les ministres anglais s'efforcent
de persuader à une nation qui doit fournir
au fisc dans une année quatorze cent millions, moitié en impôts, moitié en emprunts,
que son revenu général est de quatre milliards ; une telle exagération n'a rien qui
doive étonner ; elle est dans la position forcée dans laquelle ces ministres voient que leur

administration se trouve placée à l'égard de l'opinion publique. Les évaluations qu'ils publient sont sans doute difficiles à prouver: mais il faut qu'à tout prix ils les rendent vraisemblables ; il faut que leurs orateurs , que leurs écrivains ne cessent d'exalter les ressources nationales , d'agrandir l'aspect de la richesse publique, de l'industrie, du crédit ; il faut que , par toute sorte de moyens, ils entretiennent dans les esprits des illusions devenues plus que jamais nécessaires: tout l'édifice de leur puissance s'écroulerait en un jour si le discernement national était abandonné à lui-même, si on lui laissait le tems et le sens-froid nécessaire pour rechercher quelles sont les vraies bases du crédit , quel est le véritable état de la richesse nationale , et par quels ressorts artificiels et forcés elle est liée à la puissance du gouvernement.

La tâche des écrivains qui ont à relever parmi nous l'espoir des amis de la liberté, et à rassurer les Français sur la destinée de leur patrie, est plus facile à remplir. La réfutation de tout ce que la malveillance publie sur les maux du passé, sur les dangers de l'avenir, se trouve toute entière dans cette simple observation : la France a traversé dix années de révolution et huit années de guerre ; elle existe : jamais elle ne fut plus puissante ; elle a donc fourni sans s'affaiblir, elle ne cessera donc de fournir sans compromettre sa puissance, à toutes les dépenses de sa conservation.

Au commencement de l'an 8 tous les échos du ministère anglais retentissaient de prédictions sinistres. Ils annonçaient la décadence toujours croissante de nos perceptions, la nullité prochaine des ressources du fisc ; ils disaient qu'en France la faculté de payer était épuisée, qu'on avait outré celle de lever des soldats, que les armées françaises déjà énervées par l'indiscipline allaient incessamment se dissoudre par le défaut de recrutement. Peu de tems après l'époque de ces prédictions menaçantes, le gouvernement de la République présenta pour l'an 8 un état de dépense inférieur à celui de l'an 7. Le service de l'arriéré s'acquitta progressivement, le service courant se fit avec exactitude, les armées furent portées au complet et l'Italie fut reconquise.

C'est ainsi que le gouvernement français répond aux déclamations de ses ennemis ; c'est ainsi qu'il prouve que la France a conservé en dépit des polémistes dépréciateurs, une population guerrière, une population industrieuse,

une population de contribuables, des maximes d'économie, des principes d'administration, une volonté énergique de résister à une
domination étrangère, et toutes les ressources et tous les moyens qu'exige le succès de
cette noble résistance.

Je ne sais quelle sera l'étendue des dépenses
que le chancelier de l'échiquier présentera
dans son budjet de l'an 1801 : je ne doute
pas que ses demandes ne s'étayent d'un grand
et magnifique développement de l'état prospère du crédit, de l'industrie, du commerce
de l'Angleterre, et que ce développement,
appuyé de tous les prestiges de l'éloquence
parlementaire, n'entraîne la conviction de ceux
que M. Pitt a intérêt de persuader. Le gouvernement français n'aura pas une tâche aussi
brillante à remplir. Il soumettra aux délibé-
rations du corps législatif un tableau de quatre cent quarante-quatre millions de dépenses
et de quatre cent quarante-quatre millions
de recettes pour l'an 9. Dans ces dépenses se
trouveront comprises la dette, la guerre,
l'administration civile : dans la recette on ne
trouvera ni emprunt, ni billets d'État, ni
anticipations. Ce budjet est trop simple et
trop modéré pour être présenté avec un grand
appareil de démonstrations et d'apologie ;

mais il paraîtra sans doute à tous les bons esprits de l'Europe, une réfutation suffisante de ce qu'il a plû aux libellistes du gouvernement anglais d'écrire sur la décadence de la République française et sur l'instabilité de son gouvernement.

J'avouerai que, malgré les tableaux des économistes anglais et français, et malgré les écrits des arithméticiens politiques qui ont recherché les élémens de toutes les branches de notre richesse nationale, la vraie mesure du revenu général de la France, en y comprenant le bénéfice annuel de toutes les industries, me paraît encore absolument ignorée ; que les données de ce problême sont toutes hypothétiques, que ses résultats ne sont que des approximations hasardées, et que sa vraie solution est encore à trouver.

En France comme en Angleterre, comme dans tous les pays où l'on se livre à ces sortes de recherches, on part toujours, sans s'en apercevoir, de la donnée admise de l'impôt pour arriver par voie de conjectures à la donnée inconnue de la richesse publique et du revenu général : on recueille laborieusement toutes les données qui peuvent fortifier ces conjectures : on les compare, on les enchaîne les unes aux autres, et on leur prête

l'appui de tant de probabilités, et on les étaye
sur un si riche appareil de calculs, que l'imagination éprise ne voit plus devant elle que
la variété et la multitude infinie des résultats
qu'elle a rassemblés. La théorie s'embellit en
s'étendant , le calculateur s'applaudit de la
fécondité de ses combinaisons ; il les prend
pour un système de faits, et ce système devient enfin un point de départ d'où il arrive
avec assurance à l'évaluation du revenu général , et ensuite par une pétition de principes à la première donnée de l'impôt d'où
il était d'abord parti. Qui ne voit que si
M. Rose n'avait eu à motiver une imposition
obligée de 36 millions et une dépense inévitable de 59 millions sterl. , il se fût contenté
d'une somme inférieure à 4 milliards pour
revenu général de l'Angleterre ? Qui ne voit
en même tems que si le célèbre et savant
Lavoisier n'avait eu en perspective une imposition foncière de 180 millions tournois ,
qu'il trouvait déjà hors de proportion avec
les ressources immobilières de la France , il
n'eût entrepris de prouver que la France avait
un revenu supérieur à celui que ses calculs
lui attribuent ?

Ce qu'on appelle du nom un peu trop pom-
peux, comme semble, de science de l'économie

politique, est aujourd'hui ce qu'étaient les sciences naturelles à la fin du siècle dernier, riche en théories et pauvre en faits positifs. Les hommes qui parmi n...s se sont voués à son étude, me paraissent n'avoir pas compris ce qui pour moi est de la plus grande évidence, c'est que les bases d'une aussi vaste théorie que celle qui est destinée à présenter les mouvemens, les rapports et les intérêts de l'industrie générale, ne peuvent être posées que sur une masse immense de faits préalablement recueillis, comparés et surtout constatés; que présumer ces faits, ce n'est pas les connaître; que mettre à leur place des approximations, c'est tout-à-fait se méprendre sur la tendance et l'objet du résultat final de leur recherche; qu'enfin, tant qu'un système très-étendu et très-méthodique d'observations matérielles ne présidera pas au travail de quiconque fait de l'économie politique l'objet de ses méditations, et à l'association des travaux de tous ceux qui se vouent à la même étude, ses principes resteront incertains, sa marche indifférente aux intérêts de la société, et ses progrès nuls.

L'économie politique, dans l'état où elle est, n'est pas une science : des hommes de beaucoup d'esprit ont jeté, il est vrai, un assez beau jour sur quelques - unes de ses parties ; mais ceux qui ont entrepris de l'embrasser dans son ensemble, se sont perdus dans une carrière indéfinie d'abstractions sociales; ils se sont jetés hors de la sphère des réalités, et ils ont cru agrandir leur science, parce qu'ils donnaient une étendue indéterminée à son objet, et l'enrichir parce qu'ils revenaient chargés d'une abondante moisson d'inductions, de calculs et d'hypothèses. Ces résultats suffisent sans doute pour attacher les esprits paresseux et les imaginations ardentes; aussi les abstractions économiques ont-elles été et sont-elles encore parmi nous un objet d'enthousiasme, comme l'étaient l'astrologie et l'alchimie avant que des génies patiens, courageux et méthodiques eussent entrepris de scruter à pas lents la marche de la nature dans la composition et la décomposition des corps, et de découvrir le système du Monde en calculant laborieusement la marche et la correspondance des corps célestes.

Un enthousiasme ainsi anticipé n'est pas seulement préjudiciable en ce qu'il détourne de la vraie route, des esprits qui, sous les impressions d'un zèle plus calme et plus éclairé, pourraient se livrer à l'étude des faits, la seule qui convienne à des jugemens sains, et qui

conduise à des résultats-pratiques : cet enthousiasme nuit plus gravement encore en
donnant à des sentences dogmatiques et vagues l'autorité qui n'appartient qu'aux principes, en répandant, en accréditant de vaines
illusions, en habituant les esprits à ne s'étonner d'aucune nouveauté, à ne s'effaroucher
d'aucune exagération, et à laisser faire sans
murmure par tous les gouvernemens les ex-
périences financières les plus funestes aux
intérêts politiques des États et à ceux de
toutes les espèces d'industrie.

Il n'y a qu'un moyen de connaître avec
certitude le revenu général d'un peuple ; c'est
de rechercher tous les détails de la production
et de la consommation locales : là et là seulement se trouvent les élémens des systèmes
de l'importation et de l'exportation, de la
propriété et de l'industrie ; mais la connaissance de ces détails ne peut être ni l'ouvrage
d'un individu ni même celui d'un ministre.

Il faut un système de recherches établi sur
un plan vaste et savant ; il faut que ce système embrasse l'ensemble de l'organisation
industrielle, de ses mouvemens, de ses correspondances, de ses résultats ; il faut surtout qu'on soit bien persuadé que la marche
de ce système ne peut être sûre si elle n'est

lente, et féconde si elle n'est infiniment méthodique et laborieuse ; et que cette foule d'écrivains et d'orateurs qui , d'un trait de plume, créent des millions de bénéfice et des milliards de revenus , qui voient d'un coup-d'œil ce que *les mines de Carinthie* et *les comptoirs du Bengale* ravissent à telle nation , ce que la balance du commerce de l'Univers produit à telle autre, ne sont que des empiriques de profession , protégés et peut-être payés pour entretenir la crédulité des peuples, pour les éblouir, pour les égarer, pour faire supporter enfin un plus long fardeau à celui d'entr'eux qui ne se persuade facilement qu'il est le plus riche , que parce qu'il est le plus avide, le plus crédule et le plus vain.

La plus capitale des méprises qui ont été faites dans ce genre de calculs , a été celle de calquer l'appréciation de la richesse publique sur l'évaluation de la dette, des impôts et de l'emprunt : on a préféré cette induction à celle qui peut être tirée de l'examen de la population , et je suis convaincu que , dans l'indigence des faits positifs sur la vraie situation de l'industrie, la population est, de toutes les données, celle sur laquelle il est le moins imprudent d'asseoir l'hypothèse des facultés présumables d'un peuple et du véritable état de son industrie.

Je me permettrai, sur ce sujet, un court développement. Dans le système économique des tems modernes , qui se compose de la correspondance de toutes les classes des agens de l'industrie générale d'une nation , la population me paraît être le seul principe plausible d'induction dont on puisse conclure plus ou moins approximativement, mais toujours avec défiance, le degré actuel de sa richesse publique.

La richesse publique d'une nation ne consiste que dans la valeur collective de la subsistance annuelle de tous les individus que son industrie fait vivre. Or, pour apprécier cette valeur, il ne faut pas se perdre dans la recherche des différences qui se trouvent dans les prix des objets qui servent à la subsistance de diverses classes de la société. On ferait des doubles, des décuples, des centuples emplois si l'on faisait entrer dans l'évaluation générale de la subsistance nationale, le taux positif de la valeur de celle de chaque classe et de chaque individu. Toutes les différences sont comprises dans la masse, parce que les petites valeurs sont comprises dans les grandes. En principe d'économie publique , le prix

collectif de tout ce qui se consomme dans
une natio... ... prendre cette consommation
dans un tems ... né , tel que celui d'une
année , est éga' au prix de la consommation d'un individu de cette nation , multiplié par le nombre des individus qui la composent.

Je sens bien qu'il y a dans chaque nation,
des individus qui dépensent plus et d'autres
qui dépensent moins. Mais si l'on croyait com-
poser le revenu général d'un jour en rassemblant toute la diversité des dépenses que chaque
individu fait dans l'espace de vingt-quatre
heures , et le revenu d'une année en multipliant la dépense collective d'un jour par 365,
on ferait une méprise semblable à celle du
corps législatif de l'an 7 , et du parlement
d'Angleterre de la même année , qui , en établissant , l'un , l'impôt progressif de guerre sur
la classe des riches , et l'autre , l'impôt également progressif du revenu sur les citoyens
possédant au dessus de 60 liv. st. de revenu,
n'ont point vu que le revenu des riches ren-
fermait le revenu des pauvres , et que diminuer la somme du revenu des riches ; à quelque degré que ce fût, quand cette diminution
était extraordinaire et imprévue , c'était sup-
primer pour un plus ou moins grand nombre

de

de pauvres, la somme totale de leur revenu individuel.

Ce qui fait l'erreur dans cette sorte de calcul, c'est qu'on considère le revenu général dans la dépense d'un jour, au lieu qu'on ne doit le considérer que dans la dépense d'une année. Il faut voir que la dépense qu'un individu riche fait aujourd'hui, constitue souvent le revenu de cent individus pendant plusieurs jours et même plusieurs mois ; que tel demi-riche qui reçoit d'un homme plus riche que lui la partie du revenu qu'il dépensera le lendemain, fournira par cette dépense au revenu et à la subsistance d'individus moins riches que lui, qui d'échelle en échelle feront descendre, dans une succession de tems donnée, le revenu des premières classes aux dernières de la société, en faisant dériver cent revenus individuels d'un seul revenu primitif.

Ainsi le revenu des riches est dans l'organisation sociale, ce que sont les idées générales dans les opérations de l'entendement humain, je veux dire une abstraction sociale, de laquelle on peut arriver, par voie d'analyse, jusqu'à la masse de toutes les dépenses individuelles, comme on peut s'élever jusqu'à elle par voie de synthèse, en partant de tous les travaux individuels dont les différentes direc-

tions servent par l'accumulation de leurs bénéfices, à la formation définitive de ce revenu :
seulement les idées générales dont je parle
sont des abstractions idéales, au lieu que le
revenu des riches est dans l'organisation sociale une généralité réalisée.

Mais il est impossible de suivre, par des
observations immédiates et positives, cette
progression ascendante et descendante de tous
les revenus individuels, et je n'en expose ici
le mécanisme que pour faire entendre que la
dépense individuelle de tous les citoyens d'une
nation, en la considérant dans l'espace d'une
année et sous le point de vue du revenu, est
rigoureusement la même, et que le revenu
national, qui se compose de toutes ces dépenses,
peut être évalué avec une assez grande précision, en prenant pour un des termes de cette
évaluation la valeur commune de la dépense
annuelle d'un individu, et pour l'autre le nombre des citoyens qui composent une nation.

Si l'on voulait évaluer autrement ce revenu,
d'abord on entreprendrait un ouvrage impossible, au moins dans l'état où se trouve actuellement la science de l'économie publique ;
ensuite on tomberait dans l'inconvénient que
j'ai déjà cité, des doubles, des décuples et des
centuples emplois ; et enfin on ferait entrer

dans l'appréciation du revenu d'une nation, ce qui appartient réellement au revenu d'une autre nation.

En effet, tout ce qui est consommation de produits d'une industrie étrangère, en entrant dans la dépense de ceux qui en font usage, va former, par le prix que l'acheteur a donné pour en jouir, un principe de revenu au profit des agens de l'industrie étrangère qui a produit ces objets de consommation : en sorte que pour évaluer sans méprise le revenu national, en additionnant toutes les dépenses particulières, il faudrait soustraire de ces dépenses tous les prix exportés des produits tirés du dehors, ou bien on compterait comme augmentation ce qui serait réellement une diminution du revenu national.

Le revenu national se forme donc de l'addition de toutes les dépenses supposées égales de tous les citoyens d'un État : la meilleure base de la richesse d'un peuple est donc dans sa population, et la manière la plus sûre de connaître cette richesse est de déterminer le nombre des individus qui le composent.

A cet égard il importe peu que, dans l'organisation sociale de ce peuple, les classes soient, relativement les unes aux autres, plus ou moins inégales en pauvreté et en ri-

chesse. Les États au sein desquels la richesse
est favorisée , soit par les lois et les mœurs ,
soit par des circonstances extérieures , soit
par le concours des unes et des autres , ne
sont pas dans une position plus avantageuse
sous le point de vue de la richesse publique,
que ceux où les riches trouvent moins de
moyens d'étendre et d'agrandir leur fortune.
On peut même dire avec raison que, comme
dans les premiers, le mécanisme de la dérivation des revenus est un artifice extrêmement
compliqué ! toutes les fois qu'il arrive des
événemens extraordinaires, tels que la guerre
ou une révolution , ou , ce qui est à peu
près la même chose, le danger et la peur d'une
révolution , les États dont l'organisation com-
porte une très-grande inégalité de richesse ,
se trouvent dans une position plus épineuse
que ceux où les fortunes sont plus égales ,
parce que , dans les premiers , les revenus
des classes pauvres et dépendantes deviennent
plus incertains , et que, ces classes étant les
plus nombreuses , il s'introduit par elles, au
sein de l'État , un principe plus dangereux
et plus général de mal-aise , d'inquiétude et
de confusion.

Ce principe agit encore plus ou moins généralement et plus ou moins fortement, selon

que les fortunes individuelles sont fondées sur des élémens plus ou moins consistans ou plus ou moins précaires : ainsi la position d'un État dans lequel les grandes fortunes ont leur source dans l'activité de l'industrie commerciale, est plus fâcheuse dans les circonstances que j'ai indiquées, que celle d'un État dans lequel les grandes fortunes ont leur source dans l'industrie agricole. Dans les premiers, les événemens que j'ai cités plus haut portent plutôt atteinte au mécanisme de la dérivation des revenus, et, ce mécanisme y étant plus compliqué, l'atteinte qu'il reçoit y occasionne un désordre plus général et bien moins réparable.

Je n'ai pas besoin de dire que ceci s'applique également aux États dont la fortune est fondée sur le commerce exportateur, relativement à ceux dont l'industrie s'applique particuliérement à produire et fabriquer pour la consommation intérieure. Ces derniers États ont, sur les autres, les avantages que les peuples agricoles ont sur les peuples commerçans.

Je ne sais si je me trompe, mais il me semble que ce développement jette un grand jour sur la situation positive et relative de la France, au période où nous sommes de

la guerre qu'elle soutient et de la révolution
qu'elle a subie. Je m'abstiendrai de faire ici
l'application de ce que je viens de dire , et
de comparer les dommages que la France et
l'Angleterre ont dû respectivement éprouver.
Cette application se fait d'elle - même. Je
laisse aux arithméticiens leurs faits et leurs
calculs : qu'ils jouissent des milliards qu'ils
accordent libéralement à l'Angleterre ; quant
à moi, je ne sais de combien la subsistance
des Chinois, des Indiens et des Russes que
sa consommation annuelle fait vivre , de
combien la solde et les dépenses des soldats
allemands, italiens et ottomans que ses subsides entretiennent , diminue le revenu de
quatre milliards que M. Rose attribue à sa
nation ; mais je sais bien que toutes les
classes industrieuses qui ont fait naître ou
modifié hors de l'Angleterre les immenses
produits que les négocians anglais ont accu-
mulés dans leur île depuis cinq ou six années,
ont déjà reçu d'eux le prix de leur travail :
qu'elles ont vécu et vivent sur les valeurs
qu'elles ont reçues , et que ces valeurs n'ont
jamais dû entrer dans l'évaluation du revenu
national de l'Angleterre ; je sais en même
tems que le revenu annuel d'une grande
partie de la population anglaise est fondé

sur la vente et la consommation de ces produits ; que leur accumulation actuelle constate que le cours de la dérivation du revenu a été interrompu proportionnellement
à cette accumulation, et que les classes qui
vivent de cette dérivation ont dû dépérir et
grossir indispensablement, soit la liste ordi-
naire des mortalités, soit la liste infortunée
des hommes qui vivent sur la distribution
des cinq ou six millions de livres sterling que
le parlement a votés aux dernières sessions,
pour l'entretien des pauvres de tous les com-
tés d'Angleterre.

Le principe de la dérivation du revenu,
combiné avec la supposition que la dépense
journalière d'un individu soit de huit sous
par jour, et que la France soit peuplée de
trente millions d'individus, donne à la France
un revenu annuel de trois milliards et demi:
en appliquant ce principe et ses combinaisons à l'Angleterre, on obtient un résultat
que les prôneurs de l'Angleterre refuseront
certainement d'admettre : mais c'est à eux
à réfuter le principe d'évaluation que j'ai mis
en opposition avec leurs hypothèses, et s'ils
ne le peuvent, il leur restera une ressource
qu'ils ne manqueront pas d'employer. Ils
exagéreront la population de l'Angleterre;

ils diront que la prospérité progressive de
son commerce pendant la guerre est un indice sûr de l'accroissement de sa population;
et si on leur oppose les inductions du tri-
plement de la taxe des pauvres, qui portent
à croire qu'il existe en Angleterre plus de
quatorze cent mille individus qui languissent
dans une oisiveté stérile, et vivent aux dépens des classes dont le gouvernement n'a
pas enchaîné l'industrie; si on leur objecte
que la perte actuelle que leurs effets subissent au dehors, et la disette des subsistances
à laquelle leur commerce universel ne pour-
voit qu'insuffisamment, prouvent tout à la
fois la décadence de leur commerce, celle de
leur agriculture et le décroissement de leur
population, ils ne craindront pas d'avancer
que la subsistance d'un Anglais peut être considérée comme double et triple de celle d'un
Français, ce qui, je l'avoue, ne me paraît
pas mériter une sérieuse réfutation.

Mais comme je fais profession d'admettre
avec beaucoup de défiance les évaluations
même les plus probables en matière de faits,
et que je ne crois pas qu'on ait encore, sur
aucune partie de l'économie publique, des
observations assez précises pour fonder des
calculs rigoureux sur les données acquises,

quelque probables que me semblent l'appréciation de la population française à trente
millions, et celle des trois royaumes britanniques à onze millions, je n'insisterai pas sur
cet objet de comparaison, et je l'abandon-
nerai sans peine à l'opinion que mes lecteurs
voudront s'en faire, et aux inductions qu'il
leur plaira d'en tirer.

Mais je les prierai d'arrêter leur attention
sur l'organisation sociale de la France. Dans
aucun des grands États de l'Europe, le système de propriété n'est aussi simple, aussi
étendu, aussi consistant : les fortunes y sont
extrêmement divisées; les travaux de l'industrie exportatrice y produisent dans une proportion extrêmement inférieure à ceux de
l'industrie qui travaille pour la consommation intérieure; la valeur des produits de
l'industrie agricole y est extrêmement supérieure à celle des produits de l'industrie manufacturière : la fortune publique y dépend
donc infiniment moins des événemens imprévus.

Quand M. Gentz a cherché la balance du
commerce de l'Angleterre, il a élevé les exportations de l'industrie anglaise à la somme
de neuf cent quatre-vingt-quatorze millions
sept cent soixante-dix mille livres tournois :

quand il a cherché le revenu général de l'Angleterre, il l'a porté à quatre milliards deux
cent quatre-vingt-dix millions. Je suis loin de
garantir ses évaluations ; mais je les présente
ici comme une donnée admise par cet écrivain et par M. Rose, dans les calculs de qui
il a puisé ses documens, et par M. Pitt, qui
s'est fondé sur les calculs de M. Rose dans
ses dernières discussions sur le revenu, et
cette donnée me servira à déterminer le rapport qu'on suppose exister en Angleterre,
entre l'industrie exportatrice et l'industrie
qui produit pour la consommation du dedans.

La somme des exportations dans la balance de M. Gentz, n'est pas un revenu,
mais une partie aliquote du capital commercial de la nation. C'est le bénéfice seul de la
vente des marchandises exportées qui constitue proprement la portion de revenu dont l'exportation peut grossir la masse du revenu général. M. Gentz, dans son tableau des revenus,
élève le bénéfice du commerce de la Grande-
Bretagne à deux cent soixante-dix millions;
mais le bénéfice sur les importations se trouvant compris dans cette masse définitive des
profits du commerce extérieur , et ce bénéfice surpassant à peu près d'un quarantième
celui des exportations , la part de revenu

que le bénéfice des exportations ajoute à la masse du revenu général, ne doit être comptée en Angleterre que pour une somme de cent trente-cinq millions tournois.

Il résulte de ce rapprochement, qu'en Angleterre, en admettant toutes les hypothèses de M. Gentz, le revenu de l'industrie exportatrice ne forme pas la trente-unième partie du revenu général de la nation. Or, pour peu que l'on considère la différence qui existe entre le système de propriété, l'organisation de l'industrie, la complication du principe de la dérivation du revenu chez cette nation et en France, on n'aura pas de peine à admettre qu'en France le revenu de l'industrie exportatrice doit être représenté par une fraction infiniment plus petite ; et si je pouvais me plaire à des calculs d'approximation, je ne doute pas qu'avec moins de peine qu'en ont pris les écrivains dont j'ai tant parlé, pour calculer les rapports de l'industrie nationale à la richesse de l'État, je ne parvinsse à prouver que cette partie du revenu national en France ne fait pas la centième partie du revenu général de la nation.

Il faut remarquer que tout ce que les admirateurs de l'Angleterre disent à son avantage ; tout ce qu'on s'est plû à publier depuis

vingt ans sur la supériorité de son système
manufacturier et agricole , sur les progrès
que son industrie a faits dans l'art de diviser
et de diriger le travail , sur le parti que l'a-
griculture retire de la répartition des propriétés rurales en grandes fermes , vient ici
à l'appui de mes observations. En établissant qu'en Angleterre l'industrie est perfectionnée sur tous ces points , on prouve que
le principe de la dérivation des revenus y est
de plus en plus devenu artificiel et compliqué :
en établissant que la France est restée en arrière à tous ces égards, on prouve bien que
dans les tems ordinaires ses produits doivent
être dans une proportion inférieure à celle
que pourraient donner de plus savantes et de
plus parfaites combinaisons de la propriété ;
mais on prouve en même tems que son organisation sociale est sujète à moins de vicissitudes , et que la propriété, l'industrie , le
revenu, se ressentent moins des événemens
imprévus qui peuvent survenir, soit par une
suite de la guerre , soit par la peur ou par
les effets d'une révolution.

Je suis loin de désapprouver les efforts
qu'on fait par-tout pour éclairer l'opinion
publique sur les moyens de faire faire des
progrès indéfinis à toutes les branches de

l'industrie ; mais je ne crains pas de dire
que tant que la science politique ne fera pas
des progrès proportionnés à ceux de l'industrie , et tant que le système des intérêts commerciaux sera subordonné à l'influence d'un
ou de plusieurs gouvernemens ambitieux et
prédominans, plus une nation sera supérieure
aux autres dans l'art de perfectionner le travail et d'en multiplier les agens et les produits , plus elle s'exposera aux crises d'une
interruption mortelle quand des agitations
politiques surviendront et briseront les liens
qui l'attachent aux autres nations par la
chaîne des intérêts et des besoins réci-
proques.

Dans l'organisation sociale et politique des
tems modernes, toutes les correspondances
sont artificielles , et toutes les dépendances
absolues : plus l'artifice des unes se perfec-
tionne , plus le ressort des autres se fortifie ;
en sorte que lorsque , par des secousses ino-
pinées, cet artifice vient à se déranger, le
grand principe de la dérivation des dépenses
et des revenus perd de son énergie , la faculté de diriger et d'imprimer une impulsion féconde au travail s'affaiblit dans les
classes supérieures , et les classes inférieures
se voient condamnées, pour un tems, à tous

les vices et à tous les maux de la misère, de l'indolence, de l'oisiveté.

Sans doute la guerre et la révolution ont porté atteinte à la population de la France ; mais à mesure que l'une redoublait de fureur et l'autre de violence et de désordre, n'a-t-on pas vu la France redoubler en même tems d'énergie, et suffire à tous les efforts que les difficultés toujours croissantes de sa position intérieure et extérieure exigeaient qu'elle fît ? Que les déclamateurs qui l'insultent de leur pitié, rétrogradent dans la carrière qu'elle a parcourue ; qu'ils disent si la campagne de l'an 2 ne prouve pas que la confusion qui signala la naissance de la République, ne diminua pas le courage des Français et les moyens qu'ils avaient de résister à la foule de leurs ennemis ; si la campagne de l'an 4 n'atteste pas que les funestes années qui la précédèrent, n'avaient ni énervé ni dégradé le caractère de la nation française ; si la campagne de l'an 8 ne démontre pas qu'il ne manquait à la France qu'un objet qui fixât l'attention publique égarée par la turbulence des partis, qu'un point de ralliement qui réunît la confiance générale, qu'une main ferme qui sût diriger habilement les rênes du gouvernement, et faire arriver la

France à l'accomplissement de ses destinées.

L'histoire s'occupera peu des théories ; elle recueillera les résultats , elle consignera les traits mémorables d'une guerre qui, par le nombre et l'éclat des événemens qui l'ont signalée, sera pour les générations à venir un objet d'admiration et une leçon instructive ; elle dira tout ce que la France a fait ; et quand elle tracera le tableau de ses derniers efforts, de ses derniers triomphes dans le cours de l'année même que ses ennemis avaient assignée comme devant être la dernière de son existence, elle mettra la postérité en état de juger si le tems qui a précédé ce tems de gloire et d'espérance, a été pour elle un période d'épuisement ou d'épreuve ; si , comme le publient ses détracteurs , son industrie et sa population ont reçu une atteinte mortelle , ou si plutôt elle ne doit pas retrouver dans la vigueur qu'elle a été forcée de déployer , le principe même de cette activité expansive qui fécondera et multipliera rapidement dans son sein tous les élémens de sa régénération prochaine.

La France est aujourd'hui de tous les États de l'Europe celui dont la population est la plus nombreuse et la plus aguerrie : sa résistance persévérante a fait voir qu'aucune na-

tion n'était plus avantageusement circonscrite. La perte de son commerce extérieur a
prouvé que, pendant une longue suite d'années, elle pouvait suffire à ses besoins ; la continuité de ses efforts et de ses succès pendant
la durée de l'interruption de ses relations
commerciales, a démontré que les impulsions
et les correspondances de son commerce intérieur étaient assez actives, assez multipliées
et assez fécondes pour entretenir dans son
sein le principe de cette grande concordance
de mouvemens sociaux, qui reproduit par le
travail de toutes les classes, et répartit pour
leurs besoins la masse des objets nécessaires
à la subsistance et à la propagation des citoyens. Ces conséquences sont rigoureuses,
puisque les résultats sont des faits qui frappent tous les yeux.

Comment est-il arrivé que les destructions
de la guerre, que la décadence et la perte de
plusieurs branches d'industrie n'aient pas
sensiblement affecté le principe de l'organisation sociale de la France et le ressort de sa
puissance politique ? C'est, je crois, ce qu'il
serait oiseux de rechercher et téméraire de
vouloir expliquer. Je dirai cependant, mais
je ne donnerai à ce que je vais dire que la
valeur qu'on peut donner à des conjectures
plausibles,

plausibles, je dirai que, pendant le cours de la révolution, l'agriculture en France a étendu considérablement son domaine, et que les circonstances ont favorisé le perfectionnement de ses procédés ; que la disette qui affligea la nation dans l'an 3, encouragea les défrichemens ; que deux mesures d'administration qu'on ne saurait jamais assez décrier, la loi du *maximum* et la création du papier-monnaie, produisirent cependant l'heureux effet de déterminer le plus grand nombre des propriétaires des campagnes à multiplier les bestiaux, et appliquèrent ainsi l'industrie rurale à un genre de culture trop négligé jusqu'alors.

Je dirai que si la guerre a réduit à un état presque d'inertie un grand nombre de professions ; la guerre est devenue elle-même une profession extrêmement active, dont les préparatifs et l'entretien ont été, sur toute l'étendue du territoire français, l'objet d'une multitude infinie de spéculations qui ont fourni un emploi aux capitaux, et un salaire à la foule des agens du travail que l'interruption du commerce faisait sortir des ateliers de l'industrie.

Cette considération est d'une grande importance. L'armée française, avant la guerre, devait être, au complet, de cent cinquante mille hommes : l'effectif était peu au dessus de cent mille. Pendant le cours de la révolution, l'effectif a été de trois à sept cent mille. On a publié que la République, dans l'an 2, avait entretenu une armée de douze cent mille soldats; je ne ferai aucun usage de cette exagération; je me contenterai d'observer que la guerre a constamment, à dater de l'an 1er., ouvert en France une nouvelle carrière de travail et d'honneur à trois ou quatre cent mille citoyens qui, si la France eût été dans la même position que l'Angleterre, seraient indispensablement devenus mendians, ou se seraient vus réduits, soit à s'expatrier, soit à mourir de misère; j'observerai encore que l'armement, l'équipement, la subsistance et les transports d'une aussi nombreuse armée, les travaux des fortifications, etc. ont ouvert en France, à partir de la même date, une nouvelle carrière de travail et de bénéfice à un nombre dix fois plus grand d'individus industrieux; et je terminerai ce développement par cette simple réflexion : c'est qu'en comparant, sous le point de vue de la population et de l'industrie, l'Angleterre et la France, on voit d'abord qu'en France l'activité du commerce extérieur se combinant aux mouvemens généraux de l'industrie nationale dans une proportion beaucoup moins forte qu'en Angleterre, la guerre a dû y réduire moins d'individus industrieux à la nécessité de chercher leur subsistance dans une carrière différente de celle qu'ils étaient habitués à parcourir, et qu'en France les dépenses extraordinaires de la guerre étant beaucoup plus locales que dans tout autre pays de l'Europe, soit dans le rapport des matières, soit dans celui du travail, soit enfin dans ceux de la consommation, elles sont devenues un grand objet de compensation, qui nulle part n'a eu autant qu'en France l'effet de contrebalancer les causes de dépopulation et de ruine qui sont attachées à la guerre, et d'y préserver de ses plus rudes atteintes les principes féconds de l'industrie nationale et de la propagation.

Mais quelles que soient les causes qui ont garanti la France des dangers auxquels sa population et son industrie ont été exposées, il suffit de savoir que ces causes ont existé, et que leur action préservatrice a mis le principe de l'une et de l'autre à l'abri des violences et des désordres inséparables du tems de guerre et de révolution : or, l'existence de ces causes est constatée par la notoriété de leurs résultats.

Dans l'année qui finit, la France a combattu et triomphé ; elle a eu les armées les plus redoutables à repousser, et les obstacles les plus effrayans à vaincre ; tout a été tenté pour rallumer dans son sein le feu des discordes civiles ; jamais l'ennemi ne se montra animé de tant d'espérance, jamais il ne mit tant d'audace dans son agression et tant d'obstination dans sa défense. Les derniers succès de la France prouvent donc qu'elle n'a rien perdu de son énergie.

Ils prouvent plus : dans le tableau des événemens militaires de l'an 8, ces succès se lient par un enchaînement si simple, ils se rattachent si naturellement aux plans militaires qui les ont préparés ; ils éloignent tellement, par leur rapide et facile succession, toute idée d'efforts, de hasard et d'incertitude, que la seule manière de s'en rendre compte est d'attribuer la méditation de ces plans au génie d'un grand-homme, et le succès de leur exécution à la force et au courage d'une grande et puissante nation.

La France n'a pas seulement prouvé sa puissance par les triomphes de ses armées, elle l'a prouvée encore par la modération de son gouvernement. Jamais le premier magistrat de la République n'a cessé d'offrir la paix à ses ennemis; il a fait voir à l'Europe que les Français savaient tout sacrifier au devoir de maintenir leur indépendance ; il a prouvé aux Français que si, fidèle au sentiment de leur dignité nationale, il était sensible à l'honneur d'avoir augmenté la riche moisson de gloire que huit années de guerre leur ont acquise, il n'a jamais perdu de vue qu'une nation libre ne combat que pour assurer ses droits, qu'une nation puissante, industrieuse et riche ne fait la guerre que pour avoir la paix.

Ce vœu est celui de tous les Français, comme j'aime à me persuader qu'il est le vœu de tous les peuples que l'impitoyable politique des instigateurs de cette désastreuse guerre voudrait condamner à gémir encore sous le fardeau des dépenses qu'elle entraîne et de tous les maux qu'elle produit : le vœu de la paix est donc le vœu de l'Europe entière : mais les Français, en desirant la fin de la guerre , ne se laisseront pas aller au sentiment d'une impatience imprévoyante et aveugle. Ils savent que la paix n'est un bien qu'autant qu'elle est durable, et que l'honneur est le plus sûr comme le plus beau gage de la durée des engagemens qu'on contracte au nom d'une grande nation : ils savent que le gouvernement de la République veut la paix , qu'il la veut sincérement et avec persévérance : ils sont assurés qu'il ne mettra d'exigeance qu'à garantir les droits nationaux , à conserver la gloire de huit années de triomphes , à préserver la circonscription du territoire de la République française ; et si les tentatives pour terminer la guerre sont encore une fois infructueuses , les Français sentiront qu'une aussi persévérante obstination de la part de l'ennemi annonce qu'il n'a pas renoncé au chimérique et insultant espoir de leur imposer des lois , et ils ne verront dans ses refus qu'une injure nationale à venger.

SECTION DEUXIÈME.

Mœurs et Lois de la France.

En parlant des mœurs et des lois, je donnerai à ces deux expressions l'acception la plus étendue dont elles soient susceptibles : ainsi j'aurai en vue, dans tout ce que je dirai des lois, l'établissement politique, les institutions civiles et cette hiérarchie sociale née de l'inégalité des facultés naturelles, et qui, lorsque l'abolition des titres et des droits de caste a élevé un niveau général sur toute sorte de prétentions légales à une existence distinguée, autorise cependant des différences admises en raison de l'éducation, des talens et même de la richesse. Ainsi, en même tems, j'aurai en vue dans tout ce que je dirai des mœurs, les usages, les dispositions générales, les opinions et le caractère moral, social et politique, qui, appartenant au plus grand nombre des individus d'une nation, forme ce qu'on appelle son caractère commun et la distingue de tous les autres peuples.

Avant d'examiner les rapports qui existent entre les mœurs et les nouvelles lois de la France, il faut que je commence par exposer quelques principes dont l'évidence ne sera pas contestée. Ces principes me semblent jeter un jour nécessaire sur les rapports généraux qui lient ensemble les lois et les mœurs de tous les peuples, quels que soient leur caractère et le mode de leur gouvernement.

1°. La stabilité absolue des lois dépend de l'immuabilité absolue des mœurs et de l'accord constant des mœurs avec les lois : cette stabilité est impossible.

2°. La stabilité des gouvernemens dépend du pouvoir qu'ils ont de faire, dans les lois, des changemens analogues à ceux qui surviennent dans les mœurs, et du discernement avec lequel ils font usage de ce pouvoir.

3°. Les institutions politiques et civiles d'une nation étant confiées à l'agence d'un certain nombre d'individus qui appartiennent à cette nation, et ces hommes participant par tous leurs rapports personnels aux changemens qui s'opèrent dans les mœurs nationales ; quand de tels changemens surviennent, si des lois nouvelles ne viennent aussitôt modifier, dans le même sens, les principes primitifs des institutions nationales, il s'établit par le fait une contradiction pratique entre ces principes et la conduite

de tous les agens de l'autorité publique, et
entre les institutions et les mœurs.

4°. Dans tout État où il y a des classes
légalement distinctes, la stabilité de ces distinctions dépend d'une grande et tranchante
diversité dans les mœurs de chacune de ces
classes. Aussitôt qu'une certaine uniformité
s'introduit dans les mœurs des classes que
les institutions veulent tenir séparées, les
ressorts qui opèrent et maintiennent cette
séparation tendent à se relâcher ; et quand
l'uniformité est parfaite, la séparation des
classes et les institutions publiques ne tiennent plus qu'à un artifice que le plus léger
incident suffit pour détruire.

5°. Dans tout État où il n'y a pas de classes
légalement distinctes, le titre de citoyen n'est
ni un titre de supériorité ni un titre d'infériorité : il est le caractère commun de tous
les hommes qui font partie de l'État. Cependant il faut qu'il y ait des talens, des qualités et des vertus propres à toutes les
professions et à toutes les conditions de la
vie ; car une société ne peut s'organiser que
sur les combinaisons du travail qui divisent
une nation en professions diverses , et en
placent les individus dans des positions

différentes les unes à l'égard des autres : il faut donc que l'opinion distingue les personnes qui salarient, de celles qui sont salariées ; les agens du travail, de ceux qui le dirigent : il faut que les places soient accessibles à raison des lumières, du mérite et de la capacité de ceux qui aspirent à les remplir : il faut donc que deux genres de subordination morale s'établissent dans un tel État, la subordination qui se fonde sur la différence de position des hommes qui donnent la direction au travail, relativement à celle des hommes qui n'en sont que les simples agens, et la subordination qui se fonde sur la supériorité des talens, des vertus et des lumières : outre cette double subordination, il y en a une autre plus indispensable encore, celle qui dérive du respect que tous les citoyens doivent aux emplois publics et aux personnes qui les remplissent.

6°. Dans tout État où les emplois sont l'apanage légal de quelques classes distinctes, la stabilité des institutions et des priviléges tient à un système d'éducation spéciale dans les classes privilégiées, tel qu'il puisse donner aux individus de ces classes, comme par une sorte de supériorité exclusive sur les autres,

les mœurs et le caractère de leur position :
ensorte que si, dans un tel État, le système de
l'éducation devenait commun, et que toutes
les classes de la nation pussent acquérir avec
une égale facilité les vertus et les talens que
requiert l'exercice de tous les emplois privilégiés, l'accessibilité attribuée par exclusion
à quelques classes frapperait toutes les autres
comme une injustice légale, et le privilége ne
pourrait résister long-tems à la jalousie qui
s'éleverait de toutes parts contre les classes
qui auraient acquis le droit d'en jouir.

7°. Dans tout État où les mœurs sont en
contradiction avec les lois, le danger dans
lequel se trouvent sans cesse les institutions,
ne produit d'abord d'autre effet que de dis-
créditer les lois et les mœurs, et de dégrader
les citoyens dans leur propre opinion ; l'ordre public se maintient long-tems par une
sorte de juxta-position, qui fait que les élémens du corps politique restent à leur place,
par la seule raison qu'il faudrait une impulsion générale pour opérer une désorganisation générale, et que le concert et l'énergie
manquent pour imprimer une telle impulsion ;
il arrive aussi que tous les esprits aperçoivent
en même tems le vice des institutions, la dif-

ficulté de les changer, et le risque attaché à
une réforme totale : alors on s'étudie, comme
de concert, à s'aveugler et à maintenir à la
place de l'estime des lois une sorte de prestige qui voile leurs imperfections, et les rend
recommandables par leur ancienneté, par
l'obscurité de leur origine et par l'appareil de
l'autorité qu'on leur attribue. Cependant si
un incident inattendu vient à porter atteinte
à une organisation aussi mal étayée, tous les
ressorts se brisent au choc le plus léger,
toutes les parties de l'édifice se séparent et se
dispersent, et l'État s'écroule sur ses fondemens. Dans ce désastre, la destruction la plus
irréparable est celle du prestige qui avait si
long-tems reculé la catastrophe ; en vain cher-
che-t-on à rassembler les débris épars des
institutions abolies : le prestige artificiel qui,
dans les derniers tems, avait maintenu leur
caducité, ne peut être recréé. L'ordre ne peut
se rétablir que sur de nouveaux élémens, et
le respect des lois doit être le résultat d'un
nouveau prestige.

8°. Dans tout État où le prestige des anciennes institutions est détruit, plus l'origine
de ce prestige était reculée, et plus il serait
chimérique d'en espérer le retour. A la chute

soudaine des institutions, toutes les impressions de vénération qui avaient leur source
dans les souvenirs, s'effacent. Le tems passé
ne reporte plus l'esprit qu'à des idées d'ignorance et de barbarie ; les tems récens ne le
ramènent qu'à des idées de mécréance, de
ruine et de caducité : tout ce qui était véné-
rable, n'est plus que fabuleux ; tout ce qui im-
primait le respect, n'excite plus que la pitié.
Une monarchie de quatorze cents ans une
fois détruite, et des dynasties séculaires une
fois détrônées, ne reparaissent plus dans
l'histoire : il n'y a pas jusqu'au genre d'intérêt qu'une grande et longue infortune inspire,
qui ne soit un obstacle à leur rétablissement.

9°. Dans un État où tout a été changé et
tout à la fois, la stabilité des nouvelles institutions ne tient pas à l'accord de leurs principes avec les mœurs ; les mœurs, dans de
telles époques, ayant un caractère particulier de mobilité et de violence, n'ont de force
que pour détruire ; elles abolissent ce qu'elles
trouvent établi ; elles abolissent ensuite leur
propre ouvrage, et ne permettent quelque
durée aux institutions qu'elles fondent, qu'au
moment où le principe d'exagération et de
turbulence qui les exalte, commence à se modérer. Alors les passions perdent de leur em-

pire : on réfléchit , on compare ; et la pente
naturelle des habitudes ramenant les esprits
à des combinaisons sensées , on cherche à
poser la base des nouvelles institutions sur
les anciennes mœurs auxquelles tout le monde
revient , par la même loi qui ramène les corps
au repos quand l'impulsion qui les en avait
tirés les abandonne.

10°. Quand un peuple a détruit toutes ses
institutions , son retour lent ou soudain à
ses anciennes mœurs n'a rien qui annonce son
retour à ses anciennes lois. Il a détruit ses
lois, parce qu'elles n'étaient pas d'accord avec
ses mœurs. Il a changé ses lois, parce que
des lois peuvent être changées : et il revient
à ses anciennes mœurs, parce qu'on ne change
pas de mœurs en aussi peu de tems qu'on en
met à détruire et à refaire des institutions
politiques.

11°. Des lois nouvelles qui sont faites en
tems de révolution , et à cette époque de la
révolution où les esprits sont las de s'agiter
et de détruire , par cela seul qu'elles résultent d'une disposition générale à chercher le
repos , sont comme nécessairement d'accord
avec les mœurs. La stabilité des nouvelles
institutions ne dépend plus que des bonnes
maximes de l'administration , de l'aptitude ,

des qualités et du crédit de ceux qui gouvernent, et du bon choix des agens subordonnés qui sont à leur nomination.

12°. Toutes les pages de l'histoire déposent de cette vérité , qu'aucune innovation politique n'a eu de consistance qu'autant que quelque cause de prestige vient fortifier dans les esprits l'attrait qui pouvait les attacher aux nouvelles institutions. Dans les tems anciens , la mythologie fournissait aux instituteurs et aux régénérateurs des peuples , cet appui secondaire qui, par la force toujours croissante de son concours, prenait bientôt la première part dars les causes de la permanence de leurs institutions. Dans les tems modernes , l'héroïsme personnel de quelques hommes célèbres a suppléé à l'absence de l'ascendant des idées mythologiques; et depuis que l'histoire ne raconte plus de miracles , on voit toujours dans le tableau des événemens qui ont changé les lois d'une nation, une grande renommée s'élever , et rendre compte des institutions politiques et sociales qui signalèrent ces époques et furent le résultat de ces événemens.

Je crois qu'en appliquant ces principes aux événemens passés et à la situation actuelle de la France , on trouvera facilement l'expli-

cation de ce qui est arrivé , de l'origine de
la révolution , des désordres qui l'ont ac-
compagnée , de l'instabilité de ses premières
institutions, et des symptômes progressifs de
sa décadence et de sa fin. J'ai besoin d'ajouter quelques observations explicatives à cette
exposition de principes.

Quand un homme de lettres écrit que la
philosophie a fait la révolution par la propagation des lumières , quand un financier assure que la révolution a été amenée par le
désordre des finances , et le progrès toujours
croissant d'un déficit dans la balance des recettes et des dépenses , ils croient avoir
tout expliqué : les philosophes et les financiers ne voient pas ou feignent d'ignorer que
considérer ainsi un grand objet, un objet
extrêmement compliqué , c'est le voir sous
un point de vue très-restreint ; c'est prendre
des accidens pour des principes , et des occasions pour des causes.

La première , la plus ancienne et la plus
importante cause de la révolution a été
l'action du système industriel et commercial
sur le système social de tous les peuples de
l'Europe. Cette cause, agissant puissamment
et avec continuité ; et avec uniformité , sur
toutes les classes de la société , en a changé
lentement

lentement, mais progressivement les mœurs ;
elle a donné d'abord une impulsion générale
à l'ambition de posséder et de jouir ; elle a
ouvert une route large et facile dans toutes
les carrières de l'émulation et de l'industrie ;
elle a relevé par-tout l'importance de la richesse ; elle a rabaissé celle de l'orgueil, qui
n'était fondé que sur les titres ; elle a introduit dans des classes, auparavant inégales,
une manière semblable de penser, de sentir
et de vivre ; elle a effacé les nuances d'éducation, de qualités, de talens et de vertus
qui résultaient de la différence d'origine ;
elle a généralisé, en un mot, l'esprit, les
usages et le caractère des classes, et les individus n'ont plus été remarqués à raison de
la caste à laquelle ils appartenaient, mais à
raison de la condition dans laquelle ils vi-
vaient et du degré de leur fortune.

Cette cause a plus puissamment et plus efficacement agi en France que dans tout autre
pays de l'Europe ; d'abord, parce qu'en
France, bien que le système commercial n'y
ait pas versé autant de trésors qu'en Angleterre et en Hollande, il y a introduit un
mouvement plus général et une correspondance intérieure plus active entre les différentes classes de la société ; et ensuite parce

R

que, la sensibilité de la nation étant plus vive et plus mobile, l'art de jouir est de tous les arts celui auquel elle a fait faire le plus de progrès ; et que, par la pente naturelle de ses dispositions, son industrie s'est emparée de préférence de tout ce qui tient aux jouissances, aux jouissances de courte durée, aux jouissances les moins dispendieuses et les plus générales : de là une impulsion nouvelle donnée à toutes les ambitions ; de là le grand prix attaché à l'aisance ; de là un sentiment de fierté et d'indépendance dans toutes les conditions où l'on pouvait satisfaire à ses goûts ; de là une disposition générale de la part des individus nés dans les classes constitutionnellement inférieures, à rendre l'indifférence et le mépris aux individus des classes supérieures quand la supériorité de la fortune y compensait l'infériorité de l'origine et celle même du rang.

Dans cet état de choses, les mœurs ayant progressivement changé quand les lois ne changeaient pas, les mœurs des diverses classes étant devenues uniformes quand les lois supposaient qu'elles étaient différentes ; les lois, loin de trouver un appui dans les mœurs, se sont trouvées en contradiction avec elles. Les lois voulaient qu'il y eût des classes distinctes ; les mœurs les avaient confondues : les lois voulaient qu'il y eût une haute noblesse, une noblesse inférieure, un clergé, un tiers-état, mais ces distinctions étaient devenues idéales ; le courage, la fierté de la noblesse étaient des qualités communes ; le savoir et les lumières du clergé étaient partout, et l'austérité qui appartenait à cet ordre n'était nulle part. Il n'y avait plus enfin en France que deux classes, qui n'étaient pas constitutionnellement, mais socialement distinctes : celle des hommes du monde et celle des hommes du peuple.

Dans ces deux classes, les lois tentaient en vain d'établir une barrière de droit : les hommes du peuple, en devenant riches, passaient de la dernière dans la première classe, où tout se trouvait confondu. Dans cette première classe, les lois réussissaient bien à maintenir artificiellement une séparation de privilége : les places, les graces, les faveurs, les honneurs appartenaient aux nobles, et étaient refusés aux roturiers ; mais là précisément se trouvait le point de contradiction qui mettait sans cesse en opposition les privilégiés et ceux qui ne l'étaient pas : là s'est portée pendant plusieurs siècles l'action de cette cause perturbatrice que j'ai indiquée plus haut, et qui a fini par renverser tous les obstacles, abolir les castes, détruire les priviléges et boule-verser la monarchie.

Ceux qui attribuent à Louis XI et au cardinal de Richelieu l'abaissement de la féodalité, ne voient que très-superficiellement co sujet. Richelieu contint, par son caractère, les factions auliques, et abattit, par un exercice violent de l'autorité dont il disposait, les factions politiques qui tendaient à le renverser; mais il n'apporta aucune modification sensible à la constitution de l'État; et après lui il laissa si peu de traces des mesures vigoureuses qu'il avait sù employer, qu'une grande conjuration aristocratique, s'aidant d'une révolution populaire, mit, immédiatement après sa mort, la monarchie à deux doigts de sa perte, montra clairement que les ressorts de la féodalité n'avaient été ni brisés ni affaiblis par lui, et prouva qu'il fallait d'autres armes pour user leurs forces et contrebalancer leur influence. Le cardinal Mazarin triompha, par la souplesse et la dextérité de son esprit, d'une faction contre laquelle le caractère absolu de son prédécesseur eût infailliblement échoué; et quand il fut en possession du pouvoir, il fit plus pour le garantir des atteintes de l'aristocratie, en tolérant la licence de parler et d'agir, en laissant un libre cours à l'humeur inconstante et frondeuse de ses ennemis, que Richelieu en multipliant les coups d'autorité, les exils et les supplices. Louis XIV fit plus encore en appelant la noblesse à Paris, en la rassemblant sous ses yeux, en agrandissant l'aspect de ses entours par le spectacle de l'obéissance des seigneurs devenus ses courtisans, en effaçant enfin leur grandeur par la sienne.

Mais le véritable auteur de l'abaissement de la noblesse fut Colbert : les mesures qui portèrent une atteinte véritablement mortelle à la noblesse, furent celles qui créèrent une marine marchande, qui réveillèrent et favorisèrent l'industrie, qui établirent un système de finances, qui donnèrent à Louis XIV de grands moyens de gouvernement qui le mirent en état de faire la guerre à tous ses ennemis; c'est à ces mesures que ce prince dut la gloire de son règne, et cette gloire ne fut pas seulement funeste à la noblesse par l'accroissement qu'elle fit prendre à l'autorité royale, mais encore par l'ambition sans bornes qu'elle inspira au monarque; ambition qui, le forçant d'exciter dans toutes les classes de l'État une émulation grande et générale, fit servir à l'exécution de ses vues, le courage, la richesse et les talens de tous les citoyens, à quelque classe qu'ils appartinssent, et qui en même tems releva toutes ces classes par l'éclat que jetèrent sur elles le courage, la richesse et les talens des citoyens qui leur appartenaient.

Je ne dis pas que de ces causes on dut nécessairement arriver à tel résultat déterminé, et précisément à celui de la révolution qui s'est opérée ; mais je ne crois pas que l'on puisse contester que nécessairement elles devaient conduire à une grande révolution politique, parce qu'elles tendaient nécessairement à opérer une grande révolution sociale : le mode du résultat en a été ensuite déterminé par les incidens, et je ne m'oppose pas à ce qu'on impute ces incidens à telle cause secondaire qu'on voudra choisir. Le désordre des finances, les lumières de la philosophie, le déficit, l'exemple des révolutions contemporaines, l'abus du pouvoir, l'ignorance et la présomption des ministres, peuvent à leur tour figurer dans la récapitulation des ressorts que la fortune a mis en jeu pour renverser l'ancienne constitution, et établir une constitution nouvelle : mais si l'on veut y réfléchir, on trouvera que ces moyens mêmes ont tous été accidentels et subordonnés, et qu'on les aperçoit dans l'origine primitive des changemens que j'ai indiqués , comme on aperçoit des conséquences dans un principe et des effets dans leur cause.

Les hommes peu accoutumés à réfléchir, cherchent et trouvent partout des ressemblances. Il est si facile de recueillir et d'indiquer ces traits superficiels et communs qui semblent lier les événemens survenus dans différens siècles et chez des nations différentes ! Il est si difficile d'examiner avec une attention profonde un mécanisme aussi compliqué que celui des combinaisons sociales , pour y trouver les véritables causes de ces vicissitudes soudaines qui changent en un instant la face des empires , et semblent donner à leur destinée une direction nouvelle et inattendue ! Je suis donc peu surpris que les hommes, qui ne savent ni observer ni raisonner , à qui leurs souvenirs tiennent lieu de dialectique et leur imagination de discernement , cherchent la révolution française, et son origine , et sa marche , et son issue , dans toutes les pages de l'histoire des siècles passés ; qu'ils y trouvent sans cesse des analogies frappantes, des causes, des effets semblables, et un moyen sûr de se rendre à chaque instant compte de tout ce qu'ils voient, et qu'ils ne sauraient autrement expliquer. Cette manie, qui tient à la subtilité de l'esprit, et qui presque toujours est un indice de sa faiblesse et de sa fausseté, ne mériterait pas d'être relevée si, par les méprises qu'elle fait faire sur le présent, elle ne conduisait pas à des erreurs plus graves, relativement à l'avenir ; mais comme tout s'enchaîne, et que les faux principes mènent, par de très-justes conséquences, à de fausses espérances et à de fausses maximes de conduite, j'ai cru devoir m'arrêter un peu longuement sur l'objet de cette discussion.

Il serait à peu près indifférent, je le répète, qu'on se trompât sur l'origine de la révolution et sur la ressemblance de ses causes avec les révolutions passées, si l'insistance que les écrivains de tous les partis mettent à reproduire sans cesse et sous différentes formes le parallèle des faits qui ont entr'eux le moins de rapport réel et celui des hommes qui se ressemblent le moins, n'indiquait pas des motifs intéressés, un projet soutenu de décrier ou d'exagérer les changemens heureux que la révolution a opérés, de déprécier ou de dénaturer ses bienfaits, de répandre des alarmes sur ses suites, d'égarer enfin les opinions sur le caractère des événemens, des institutions et des hommes.

Beaucoup de gens, en s'occupant de ce genre frivole de recherches, ne font que suivre la pente de leur esprit, naturellement porté à jouer sur la surface des objets dont ils sont peu capables de sonder la profondeur : le plus grand nombre ne cherche qu'à faire un vain étalage de citations qui puissent donner quelqu'ombre d'autorité à des éloges ou à des injures, seul genre de service qu'ils soient en état de rendre à la cause qu'ils ont embrassée. Cette espèce de polémistes mérite peu qu'on s'arrête à leurs découvertes; mais il en est qui, en appliquant ainsi l'histoire à l'examen du tems présent, ont un objet plus sérieux en vue : ils pensent sans cesse à une contre-révolution, et sous quelque forme qu'elle s'offre à leur imagination, ils sourient à tout ce qui peut leur présenter l'idée du présage; ils cherchent dans les tems anciens, dans les tems modernes, tous les exemples des révolutions qui n'ont pas atteint leur objet, qui ont eu précisément le même période que la révolution française au moment où ils écrivent, qui rappellent des noms glorieux et des noms diffamés, de grandes actions et de grands crimes, qui ont présenté dans leur marche divers aspects et différentes vicissitudes, et, s'applaudissant enfin d'avoir recueilli une si riche moisson d'analogies, ils arrivent, par mill induction hasardées, à prédire, dans un t ms déterminé, la fin de la révolution française, à indiquer l'issue qu'elle doit avoir, à montrer l'écueil sur lequel ses institutions doivent se briser.

Je dirai d'abord à ces écrivains, que les symptômes de la décadence et de la fin d'une révolution n'ont rien de commun avec les indices et les moyens de la contre-révolution après laquelle ils soupirent. Les révolutions finissent quand leurs ressorts sont usés, quand les causes d'agitation sont épuisées , quand les cœurs tendent à se rapprocher et que les esprits sont las des contentions politiques ; mais à quelque époque que se fixe leur fin , il n'y a aucun rapport entre ce terme et le changement du gouvernement et des lois qui se sont établis pendant leur durée. La révolution d'Angleterre finit par le rétablissement de la monarchie ; la révolution de Hollande finit par l'établissement d'une république. Les révolutions de la ligue et de la fronde ne laissèrent point de trace après elles. Celles de Suisse et des États-Unis ont laissé deux constitutions républicaines , dont l'une fut remarquable par sa consistance , et l'autre l'est et le sera long-tems par la sagesse , la simplicité et l'excellence de ses institutions.

Le problême du retour aux anciennes lois ou de la consistance des nouvelles , ne peut se résoudre que par les principes que j'ai exposés. Les nouvelles lois sont-elles plus d'accord avec l'ensemble des mœurs, des opinions, des dispositions générales que les anciennes lois ? Là et là seulement est le nœud de la solution qu'il importe de trouver.

Un écrivain d'un mérite très - distingué a publié, il y a un peu plus d'une année, un écrit dans lequel il compare la révolution anglaise du milieu du dernier siècle , à celle que la France vient de subir. Il emploie un discernement très - pénétrant à rechercher les rapports qui existent entre ces deux événemens, et il fait usage d'une dialectique très-déliée et très - pressante , pour faire pressentir une conclusion qu'il ne voulait pas tirer lui-même : c'est que la pente dans laquelle les esprits , à cette époque , étaient placés , conduisait presque nécessairement l'État au rétablissement de ses anciennes formes par les routes sanglantes de l'anarchie.

Cet ouvrage , qui produisit et devait produire un grand effet, était moins une discussion de principes, qu'une vive et persuasive admonition aux partis qui désolaient la France, et aux indifférens qui laissaient flotter leur destinée au gré des caprices et de la violence des partis. Les factions profitèrent peu des salutaires leçons qui leur furent données ; mais l'opinion publique s'éclaira sur les dangers que l'exagération des principes et des mesures fesait courir à la liberté.

L'écrivain que je cite, n'abusa pas des rapprochemens ; il n'établit aucun principe rigoureux de ressemblance, il ne tira aucune conclusion positive, il se contenta de signaler l'abîme, laissant au tems le soin de montrer sa profondeur et de mesurer l'intervalle qui en séparait encore les amis de la liberté. Avec une manière de penser aussi sage, on est sûr de ne jamais égarer ses lecteurs.

Mais les écrivains qui ne rêvent qu'au retour des anciennes institutions, ne discutent pas avec autant de discernement et de réserve ; ils prennent dans l'histoire toutes les époques où des tentatives infructueuses ont été faites pour changer la forme des gouvernemens ; ils s'étudient à calquer toutes ces époques sur l'époque actuelle, et, sans égard à la différence des tems et des lieux, ils affirment que tout est semblable dans les détails historiques, parce qu'ils ont besoin de rendre plausible la prédiction d'un résultat semblable à ceux des événemens qu'il leur a plû de choisir comme exemple.

La comparaison des tems les conduit ensuite à celle des hommes; et comme ils rapportent tous les événemens saillans à des exemples, ils rapportent le caractère de tous les hommes marquans à des modèles. Ainsi, parce que toutes les crises politiques qui ont changé momentanément ou avec durée l'organisation des États, montrent dans leur marche violente et dans leur heureuse ou malheureuse issue, des résultats qui ne sont pas sans analogie, ils cherchent et trouvent dans toutes les révolutions, des Pisistrates, des Périclès, des Thémistocles, des Coriolans, des Gracques, des Césars et des Cromwels. Ces rapprochemens prouvent assez clairement que les écrivains qui en amusent le public, ont lu superficiellement l'histoire, et sont loin d'avoir l'esprit et le discernement de Plutarque; ils prouvent encore mieux que les citations ne sont pas des prophéties, ni les comparaisons des raisonnemens.

D'abord, quand les hommes qu'il plaît aux écrivains dont je parle de comparer les uns aux autres, auraient eu en ce.... s rapports de ressemblance, il suffirait de la différence nécessaire qui distingue les tems, les pays et les circonstances où ils vécurent, pour que leur similitude personnelle n'autorisât à aucune induction sur leurs principes et sur le caractère des événemens auxquels ils prirent part. Il est douteux qu'aucun des hommes célèbres ou fameux que je viens de citer, ait jamais servi de modèle aux autres. Le pouvoir de Périclès fut à peu près aussi grand et aussi assuré que celui de Pisistrate, mais il n'y parvint pas par les mêmes moyens. Il est à croire que César étudia avec plus de soin et de fruit l'histoire d'Alexandre que la vie d'aucun des démagogues de Grèce et de Rome, auxquels ses ennemis et ses flatteurs le comparèrent. César fut à la fois un grand révolutionnaire et un grand homme: il offre bien, dans le tableau de sa vie, des traits qu'on pourrait rapporter aux Gracques: mais il en a qui le rapprochent en même tems, et bien mieux encore, d'Alcibiade et de Thémistocle, de Cyrus et d'Alexandre, de Ptolomée et de Périclès. Le caractère d'un grand-homme, comme le célèbre tableau de Xeuxis, ne peut se former que d'une multitude d'imitations; et il est aussi peu possible à l'observateur de lui trouver un modèle unique dans l'histoire, qu'il le fut au peintre d'Héraclée de découvrir dans la nature celui de la beauté idéale qu'il voulait représenter.

Un des exemples les plus remarquables de ce genre absurde de rapprochemens est celui qu'il a plû aux polémistes de choisir en comparant César à Cromwel, et Cromwel à César. L'objet de ces déclamateurs n'a pas été sans doute d'honorer l'un et de déshonorer l'autre ; mais ils ont voulu accoutumer les esprits à un genre extrêmement facile de diffamation, faire marcher ces deux noms de front, les faire arriver ensemble dans l'histoire de la révolution actuelle, et avoir toujours à leur portée une dénomination injurieuse dont ils pussent couvrir à leur gré tel personnage marquant dans les diverses vicissitudes de la révolution qu'ils ont eu quelqu'intérêt à calomnier. Dans l'une et l'autre de ces deux vues, les polémistes révolutionnaires et contre-révolutionnaires me paraissent s'être autant écartés de la vérité que du bon sens.

Il y a une manière de mettre à l'épreuve tous ces parallèles frivoles, absurdes et malveillans, c'est de faire une transposition complète, de placer un homme des tems anciens avec ses mœurs, ses qualités et son caractère, dans les mêmes circonstances où se sont trouvés ses prétendus imitateurs, et réciproquement. D'après cette méthode, cherchez ce que serait devenu Cromwel à Rome et César en Angleterre, en conservant à tous les deux leurs vices, leurs talens, leurs penchans et leurs habitudes. Il est hors de doute que tous les deux, excités par la même ambition de dominer que la nature avait fortement imprimée dans leur ame ardente et active, auraient également cherché à s'élever au premier rang : mais peut-on penser que si Cromwel à Rome eût été fanatique, emporté, ignorant, avare, il eût pu faire ce que l'accord de toutes les graces de l'esprit et du plus héroïque courage, ce que le génie, la grandeur d'ame, la bonté, la libéralité et l'éclat de mille victoires firent accomplir à César ? Et pense-t-on que César à Londres, avec ses talens, son intrépidité brillante, ses prodigalités et ses débauches, eût réussi à renverser la constitution de son pays et à fonder une république sur les débris d'une ancienne monarchie ?

César au tems de Cromwel, et Cromwel au tems de César, ambitieux et démagogues l'un et l'autre, n'auraient pu échanger leur rôle qu'en faisant également l'échange de leurs mœurs, de leur caractère et de leurs talens; ce qui signifie que César au tems de Cromwel, n'aurait n'aurait pas été César, et que Cromwel au tems de César n'aurait pas été Cromwel.

Étendons cette transposition aussi loin que l'objet final de tous les faiseurs de parallèles le demande : introduisons César et Cromwel dans la scène de la révolution française ; quelle aurait été leur destinée ? Ni César ni Cromwel, l'un avec son audacieuse, l'autre avec sa sombre ambition, n'eussent pu soutenir long-tems le rôle qu'ils jouèrent dans leur patrie et dans leur siècle. César en France, débutant dans la faction démagogique qu'il fit triompher à Rome, n'eût pas résisté à la concurrence de ses partisans devenus ses rivaux ; et si la prééminence ne lui avait pas été contestée, la différence de son but et du leur, et l'impossibilité d'atteindre à celui qu'il aurait eu en vue au milieu des contradicdions constantes de ses entours, et de leurs penchans et de leurs principes, eussent désabusé son ambition, et l'eussent forcé d'en changer l'objet ou de dénaturer son caractère. Le rôle de César eût fini à peu de distance de son début ; son nom grossirait aujourd'hui la liste des démagogues désabusés, et un des hommes les plus célèbres des tems anciens eût trouvé parmi nous le terme de ses efforts, ou dans une mort violente, ou dans un exil volontaire.

S

Cromwel, s'engageant dans la même carrière, sous des auspices plus conformes à ses talens, eût eu des succès plus constans; mais à quoi eussent abouti ces succès ? La France a-t-elle manqué de fanatiques obstinés, qui, armés d'audace et d'hypocrisie ont médité d'asservir leur patrie sous un joug de fer, se sont entourés d'enthousiastes farouches, ont eu des trésors et des armées à leurs ordres, et ont joui d'un pouvoir auquel tout a été soumis ? Ils ont, comme eût fait Cromwel, opprimé leurs contemporains par l'épouvante, et Cromwel eût péri comme ils ont péri. Ils ont, comme lui, signalé leur autorité passagère par des vengeances, par des lois cruelles, par des institutions dont ils se jouaient après les avoir fondées, par les protestations mensongères d'un patriotisme austère, et ces lois, et ces protestations, et ces institutions fragiles n'eussent pas sauvé Cromwel du sort qu'ont eu ses imitateurs. La révolution française a eu peut-être plus d'un César et plus d'un Cromwel; mais ils ont fini avant d'avoir pu donner à leur ambition tout le développement dont les ressorts étaient dans leur caractère; et comme le tems a manqué à leur histoire, je dois abandonner la recherche des rapprochemens qu'on peut trouver dans leur vie , à la foule d'esprits oiseux et de têtes vagues qui ne savent ni observer ni comparer, et ne se nourrissent que de conjectures.

J'ajouterai une observation sur Cromwel, parce qu'elle sert à le mettre à une plus grande distance encore de César et de tous les hommes célèbres auxquels on a eu la pensée bienveillante pour lui de le comparer.

Cromwel s'éleva par le courage et par l'hypocrisie. Il eut plus d'audace que ses compagnons d'armes; et dans un pays où les talens militaires ne sont pas communs, et à une époque de troubles et de dissentions civiles où ils sont toujours nécessaires, les siens durent l'élever au premier rang , et assurer la supériorité au parti qu'il avait embrassé. Tout, à ce double égard, était relatif. Il ne résulte pas des succès de Cromwel, qu'il fût un grand homme de guerre; il eut plus de connaissances militaires que les généraux qu'il avait à combattre; il affecta plus de fanatisme que les concurrens qu'il avait dans la faction à laquelle il s'était attaché; telles furent les causes de son élévation.

Avec un génie plus réellement distingué , avec des connaissances plus étendues, Cromwel ne fût pas plus sûrement arrivé à son but.

Considéré comme homme d'État, Cromwel
dut tout aux circonstances ; et le peu de consistance du pouvoir qu'il avait établi, prouve
à quel point son génie fut inférieur à sa
fortune. Il gouverna l'État comme il avait
commandé son armée ; il n'eut aucune idée
d'institutions propres à s'affermir et à faire
survivre son autorité au tems d'exaltation et
d'aveuglement qui avait favorisé son élévation ; il laissa l'Angleterre telle qu'il l'avait
trouvée ; il se constitua roi en faisant le sacrifice de l'appareil et du titre ; il se contenta
d'insulter aux établissemens monarchiques qui
existaient, et il ne comprit pas que pour con-
solider une forme nouvelle de gouvernement,
il faut des institutions nouvelles, et que ces
institutions soient liées par un double rapport de conformité aux mœurs nationales et
à l'intérêt du gouvernement. Aussi, quel fut
le résultat de son imprévoyante administration ? La fermentation nationale, d'abord
comprimée par le fanatisme religieux, éclata
aussitôt que ce fanatisme tendit à se relâcher.
L'année même de la mort de Cromwel, tous
les esprits s'agitaient : une insurrection véritablement nationale se préparait ; des milices
se formaient publiquement et s'unissaient sur
tous les points de l'Angleterre ; la tyrannie

de Cromwel allait finir , et son fils n'eut pas un grand effort de discernement à faire pour apercevoir que la république anglaise n'ayant jamais existé, la question qui était proposée à son désintéressement n'était rien moins qu'une question de principes et de droits de républicanisme à résoudre.

La manie des comparaisons ne conduit qu'à dicter de faux jugemens sur les hommes, et à répandre de fausses opinions sur les événemens. ceux qui ont jugé de la révolution française par les parallèles qu'on n'a cessé de faire de tous les hommes qui se sont rendus plus ou moins remarquables par la part qu'ils y ont prise, ont dû croire, à l'issue de toutes les crises , qu'elle allait finir, soit par l'usurpation de l'autorité souveraine, soit par la dissolution de tous les pouvoirs; et cependant une foule de personnages signalés dans le tems de leur crédit par des dénominations magnifiques toutes tirées de l'histoire, ont passé, et la république leur a survécu; d'autres, en dépit des calomnies , ont usé du pouvoir avec sagesse, et repoussent aujourd'hui, par leur modération , les imputations absurdes dont ils ont été l'objet. Laissons déclamer ceux qui, ne pouvant accuser le présent, s'amusent à dénoncer l'avenir; qui, ne pouvant condamner ce qu'ils voient, sont forcés de recourir aux présages ou à l'histoire pour y trouver un texte à leur censure ? Que nous importe que les orateurs du ministère anglais et la tourbe de leurs polémistes et de leurs gazetiers ne voient, dans les hommes qui combattent pour nous ou qui nous gouvernent, que des Alexandres et des Césars, des Démétrius et des Marc-Antoine, des Séleucus et des Lépides ! qu'ils nous prédisent pour un avenir plus ou moins éloigné, la sinistre répétition de toutes les usurpations, de toutes les discordes grecques et romaines ! que, descendant à des tems plus rapprochés de nous, ils évoquent les ombres des Totilas, des Genserics, des Mahomets ! que, tout près enfin d'être persuadés qu'on tenterait en vain d'arracher à la France les fruits de sa gloire militaire, ils se consolent de la disgrace de leur cause en comparant ses victoires aux dévastations des tems anciens, et ses grands-hommes aux brigands célèbres qui se sont fait une renommée dans le cours des siècles de la barbarie !

Tous ces parallèles, toutes ces prédictions ne méritent que du mépris. Cependant, comme les écrivains de la coalition ne cessent d'en étourdir l'Europe, comme leur objet est tout à la fois de diffamer et de prédire, d'égarer les esprits sur la tendance des événemens, de calomnier les dispositions de confiance qui dominent en France, d'insulter des hommes que nous admirons, que nous révérons, en donnant lieu à des imputations absurdes sur leur caractère, leurs principes et leurs vues, je crois devoir m'arrêter encore un moment sur le seul de tous ces parallèles, qui se présente avec quelqu'ombre de plausibilité, je veux dire le parallèle si souvent reproduit dans les journaux de l'administration en Angleterre, de César et du premier Consul.

En examinant ce parallèle selon la manière de Plutarque, qui, dans les siens, a toujours soin d'opposer ou de rapprocher le théâtre de la vie des hommes qu'il compare, en même tems qu'il cherche les analogies de leur caractère et celui de leurs talens, j'avouerai sans peine que, sous le rapport de tous les dons de la nature qui tiennent au génie, et sous celui des qualités morales qui tiennent à l'élévation de l'ame, le premier Consul et César peuvent faire l'objet d'une comparaison à quelques égards biographiques. Mais de ces rapprochemens admis, les déclamateurs ont-ils le droit de conclure qu'il existe de l'identité dans leurs vues, dans l'objet de leur ambition, dans leur destinée ?

Pour ne pas voir l'absurdité d'une telle induction, il faudrait méconnaître toute la
différence qui distingue la carrière qui s'est
ouverte à ces deux grands-hommes, la scène
de leur vie sociale, militaire et politique, et
tout l'ensemble des circonstances locales et
nationales de leur position.

Comme hommes de guerre, César et Bonaparte peuvent être comparés; tous les deux
ont vaincu dans toutes les guerres qu'ils ont
entreprises; tous les deux ont porté leurs armes triomphantes en Europe, en Afrique, en
Asie; tous les deux ont su ajouter aux savantes combinaisons de l'art, les découvertes
de leur génie. Dans l'histoire des illustres
capitaines des tems anciens et des tems modernes, le général romain et le général français peuvent seuls être mis en opposition de
gloire, pour la grandeur et l'étendue qu'ils
ont données à leurs plans, pour la prodi-
gieuse célérité qu'ils ont mise dans leur exécution : toujours on les a vu assurer le
succès des expéditions les plus audacieuses,
par des mesures de sagesse qui semblaient
maîtriser l'avenir, et pourvoir aux disgraces
accidentelles de la fortune par une fécondité de ressources qui opposait sans cesse
des moyens nouveaux à tous les obstacles

imprévus ; tels sont les rapports qui existent entre César et Bonaparte : la seule disparité qu'on observe et qui frappe d'abord, c'est que la gloire de l'un a brillé de tout son éclat avant l'âge où l'autre pleurait devant la statue d'Alexandre de n'avoir encore rien fait ; c'est que Bonaparte, avant trente ans, a été le premier homme de son siècle, et que César, à trente ans, n'était que le premier factieux du forum et le premier débauché de Rome ; c'est que César employa vingt-cinq années de travaux et de succès pour accomplir la gloire de sa vie, et que la renommée de Bonaparte, rapide autant que précoce, ne fut pas l'ouvrage de cinq ans ; c'est enfin que César n'eut à combattre hors de Rome que des généraux sans célébrité, des peuples barbares, des nations inconnues, et qu'il ne dut son autorité qu'aux victoires qu'il remporta sur ses concitoyens ; tandis qu'il a été dans la destinée de Bonaparte de vaincre les nations les plus aguerries, les armées les plus disciplinées, les généraux les plus habiles de l'Europe, et que jamais il n'eut à combattre que les ennemis de son pays.

Mais quand la gloire militaire de ces deux généraux serait parfaitement égale et semblable, quelle conséquence pourrait - on en

tirer sur la similitude de leurs vues ? Leur
position n'est-elle pas immensément différente ? Les passions de l'un ne sont-elles pas
en contraste avec la mesure et la modération
de l'autre ? Et ensuite, quel rapport y a-t-il
entre les lumières des deux siècles, entre
l'état social des deux pays, entre la République romaine, échappée aux proscriptions
de Marius et de Sylla, dépeuplée, à la mort
de Caton, de tout ce qui portait un caractère romain, couverte de soldats et d'esclaves, impuissante à repousser les millions
de barbares qui tous les jours menaçaient
d'envahir ses provinces, plus impuissante
encore à contenir les armées nombreuses
qui ne suffisaient pas à maintenir le joug
de Rome sur l'immensité de son territoire ?
Quel rapport, dis-je, entre cette République et la République française, bien
constituée, bien circonscrite, à qui un revenu, de beaucoup inférieur à celui que la
France avait avant la révolution, suffira
pour ses dépenses, qui n'a besoin que d'un
état militaire comparativement inférieur à
celui de tous ses voisins, qui n'est ni opprimée par des castes ni tourmentée par des factions, qui a une population identique sans
esclaves et sans oppresseurs, dont tous les

citoyens ont des idées délicates sur l'honneur, justes et éclairées sur la liberté et les lois, et qui ne demandent que la paix pour se livrer à tous les travaux de l'industrie, pour jouir des avantages qu'ils ont acquis et pour sentir tout le prix des institutions libérales et sages qu'ils se sont données ? Faut-il dire, faut-il répéter que les rôles anciens ne sont pas seulement hors de toute comparaison avec celui du premier magistrat de la République, parce qu'ils sont usés et qu'il n'a pas besoin de modèle, mais encore parce qu'ils sont incompatibles avec sa position, au dessous de la portée de son ambition généreuse, et autant en contradiction avec la sagacité de son esprit et l'élévation de ses sentimens, qu'avec l'opinion publique, les mœurs nationales et l'ensemble des circonstances au milieu desquelles nous vivons ?

Je regretterais de m'être arrêté aussi longtems sur ce sujet, si je ne l'avais considéré comme un aspect particulier sous lequel il me faisait envisager les mœurs françaises et l'état actuel de la France. Pour peu qu'on sache réfléchir, on n'aura pas de peine à voir qu'il y a des époques dans l'histoire, où le caractère des nations, des institutions et des siècles est l'ouvrage de quelques hommes

célèbres, et d'autres où le caractère des hom+
mes célèbres est l'ouvrage des nations, des
institutions et des siècles dans lesquels ils
vivent.

Les hommes qui président à nos destinées,
et les établissemens politiques qui sont la
sauve-garde de nos droits, nous conviennent
et nous appartiennent au même titre ; les
premiers, par les rapports qui lient leurs
vertus et leur gloire à nos sentimens ; les derniers, par les rapports qui lient leurs principes constitutifs à nos opinions nationales.
Les qualités éminentes du premier magistrat
d'une République ne sont pour lui de grands
et durables moyens d'ascendant, qu'autant
que ces qualités sont prises dans le caractère
général de ses concitoyens et de son siècle :
les principes théoriques qui constituent des
établissemens politiques, ne sont des gages
de leur durée qu'autant qu'ils sont d'accord
avec les opinions nationales, et qu'ils ont été
pris dans les progrès de l'esprit humain à
l'époque où ils sont fondés.

Toutes les questions sur la stabilité des
nouvelles institutions françaises reposent uniquement sur ces trois points : 1º. Les lois de
la France sont-elles conformes à ses mœurs?
2º. La gloire des grands-hommes dont elle

s'enorgueillit, se lie-t-elle au maintien de ses institutions ? 3°. Les moyens par lesquels ils se sont élevés à la gloire dont ils jouissent, sont-ils pris dans le caractère, dans les mœurs, dans les opinions de la nation ? Les deux dernières questions n'ont besoin que d'être posées ; elles se résolvent par leur énonciation seule.

Les nouvelles lois françaises sont-elles conformes à ses mœurs ? Non-seulement ces lois sont conformes aux mœurs françaises, mais si l'on veut étudier avec quelqu'attention les changemens que, depuis deux siècles, les mœurs ont subis en Europe, on trouvera dans ces changemens la raison politique et sociale de toutes les institutions que la France a adoptées, et ainsi l'aspect constitutionnel de la France ne s'adapte pas seulement à l'état actuel des mœurs françaises, mais encore à l'aspect général des progrès que la civilisation a faits, depuis deux siècles, dans tous les États policés.

Depuis deux siècles le système commercial a travaillé sans relâche à déplacer en Europe tous les ressorts qui, du tems de la féodalité, unissaient ensemble les individus des différentes classes de la société, et opposaient ces classes les unes aux autres. Il a introduit le

luxe , qui a fait prévaloir la passion de jouir
sur l'ambition des prééminences politiques ;
il a créé la puissance des richesses , et a mis
cette puissance dans une opposition perpétuelle avec celle des honneurs et des titres; il
a établi l'inégalité de la fortune, et a mis dans
les ressorts actifs et reactifs de cette inégalité
une force qui croissait à mesure que l'énergie
des ressorts de l'inégalité des rangs s'affai-
blissait ; il a favorisé enfin , par la propagation des lumières et par un principe plus actif
de correspondance sociale entre les classes et
entre les individus , l'éclat des talens , l'illus-
tration de tous les genres de succès dans la
carrière des sciences et des arts, et jusqu'à la
célébrité de la plus modeste vertu. Tels sont
les changemens que le système commercial a
faits depuis deux cents ans à l'organisation
morale de tous les États civilisés.

La révolution française, dans son premier
période, en abolissant les castes et les droits
d'origine, ne fit que détruire les obstacles
qui s'opposaient au jeu naturel de cette organisation. Mais cette même révolution, s'écartant bientôt de son objet, introduisit de nouveaux obstacles à la place des premiers , et
substitua aux priviléges de la feodalité abolie,
des titres nouveaux qui n'étaient pas moins

opposés aux principes de l'organisation sociale que ceux qu'elle avait justement proscrits.

Les hommes qui, dans ces tems, dirigeaient la marche de la révolution, n'étaient
ni assez de sens froid ni assez éclairés pour
voir qu'il existe, pour le maintien de l'ordre
public, une hiérarchie réelle de conditions,
sans laquelle il ne peut y avoir de société,
parce que, sans cette hiérarchie, il ne peut y
avoir de travail ; ils ne virent pas que le travail ne peut se passer de direction, que la direction constitue la propriété, que les inéga-
lités dans la valeur des propriétés forment un
enchaînement qui les lie les unes aux autres,
que cet enchaînement donne naissance à la
dérivation des revenus individuels dans les
diverses professions, et transmet de l'une à
l'autre les moyens de subsister, de former
une épargne, de s'élever dans la chaîne de
l'inégalité des conditions, et que tout cet artifice exige un état de subordination morale
qui ne porte point atteinte à l'égalité de tous
les citoyens devant les lois, mais à laquelle
on ne peut porter atteinte sans détruire la
base même sur laquelle reposent les lois.

Ces hommes méconnurent encore l'inégalité que la nature et l'éducation mettent entre
les esprits. Entraînés par un enthousiasme

vague et mal éclairé, ils ne surent apprécier qu'un seul talent, une seule vertu ; ils se persuadèrent que quand on aimait la révolution, on était propre à tout, et ils établirent en principe que, pour quiconque était doué de cette vertu, l'expérience, le génie, la connaissance des affaires étaient des qualités superflues.

Ces hommes enfin ne comprirent pas que la conduite des affaires publiques exige plus de talens encore que celle des affaires privées, que l'apprentissage naturel de la fonction de participer à la direction de cette propriété commune qu'on appelle l'État, était l'habitude de présider à la direction d'une propriété particulière, et qu'ainsi il convenait que, sinon en principe, il fût au moins établi en maxime que les propriétaires, dans une nation (et je comprends parmi les propriétaires tous les hommes chargés de diriger quelque espèce de travail que ce soit), formassent une classe, et que le discernement public allât chercher dans cette classe les hommes les plus capables de prendre part à la conservation des droits et à l'administration des intérêts de la nation.

Les amis de la liberté luttèrent en vain à ce dangereux période de la révolution, pour combattre

combattre l'exaltation révolutionnaire, qui opposait aux vrais principes de gouvernement et de sociabilité, un petit nombre de prétendus axiômes de droit naturel qui supposaient comme faits les plus fausses, les plus chimériques hypothèses. Ces axiômes, applicables à l'état de nature, prévalurent : ils fondèrent un gouvernement, et donnèrent naissance à des lois qui étaient en contradiction avec l'état social : tous les rapports qui unissent par des liens d'intérêt, les professions, les conditions et les individus, se dénaturèrent; les mœurs nationales, qui ne sont autre chose que le résultat moral de l'harmonie de ces rapports, furent gravement altérées, et si le désordre eût duré plus longtems, la terreur qui le généralisait, eût fini par faire disparaître toute trace de lois, de subordination et de mœurs.

Entre cet état de confusion et celui où la France se trouve aujourd'hui, il y a un période pendant la durée duquel l'ignorance et les lumières, les passions et les principes, les institutions et les mœurs ont été dans une lutte perpétuelle qui, à mesure que l'on s'éloignait de l'époque où l'empire de la confusion avait cessé, finissait toujours de plus en plus à l'avantage des lumières, des prin-

T

cipes et des mœurs. Dans ce période inter-
médiaire, on a vu s'affaiblir par degrés les
prétentions démagogiques, la défiance, les
haines, l'indolence, le découragement. Les
hommes, qu'on avait dissuadés de ne déférer
à aucune direction, ont peu à peu compris
que la répugnance à toute subordination
n'était qu'un refus persévérant de participer
à toute association de travail, et que la dis-
pense du travail n'était qu'une prérogative
de privations et de misère; ils ont abdiqué
un pouvoir qui les affamait, et ont cherché
leur subsistance et leur liberté dans l'industrie. La chaîne des correspondances sociales
s'est rétablie, les opinions individuelles se
sont ralliées et ont formé une opinion publique : les hommes de tous les états ont re-
pris le cours des usages, des habitudes, des
penchans qui mettaient des différences dans
les diverses conditions; et à mesure que les
mœurs reprenaient leur empire, leur discordance avec les lois du tems, avec les institutions fondées dans l'époque du désordre
et de la violence, devenait plus sensible : la
force de ces lois, de ces institutions, s'affai-
blissait de jour en jour; celle des mœurs devenait progressive, et enfin il est arrivé au
système ultra-révolutionnaire, ce qui était

arrivé dix ans auparavant au système monarchique. Fondé sur un abus, sur une exagération de principes, et monté sur des ressorts
incapables de fléchir, il n'a pu compatir
avec le système des mœurs nationales ; et
comme il ne pouvait les changer, et qu'il n'a
pas eu assez de force et de durée pour les
dégrader, il est allé se briser au même écueil
sur lequel le système monarchique avait péri,
et c'est sur les débris de l'un et de l'autre que
se sont élevées les institutions actuelles , et
que s'est cimentée l'association qui les unit
avec nos lois.

Cette association , que j'ai d'abord mise en
thèse et à laquelle je suis arrivé par le développement de toutes les discordances anté-
rieures, paraîtra peut-être une conséquence
un peu brusque de tout ce que j'ai dit : elle
en dérive cependant d'une manière très-na-
turelle ; car l'accord des lois et des mœurs
d'une nation se prouve tout aussi bien en
montrant que toutes les contradictions qui
les opposent les unes aux autres ont disparu,
qu'en recherchant tous les rapports de çon-
cordance qui existent entr'elles ; et si l'on
observe que cette dernière manière d'établir
la question sur des rapprochemens positifs
lui donne une étendue sans fin , ouvre un

vaste champ à la dispute, fournit matière à
une multitude de discussions oiseuses ; et si
l'on se rappelle combien, depuis dix ans, il
a été fait abus d'esprit, d'érudition et de mé-
taphysique pour établir l'excellence de telle
constitution et sa supériorité sur toutes les
autres, on trouvera qu'il est plus franc,
plus simple et plus concluant de dire : Dans
la constitution monarchique et dans les constitutions qui lui ont succédé, l'orgueil,
l'ignorance et les passions avaient épuisé en
France tous les genres de contradiction qui
peuvent exister entre les mœurs d'une nation
et ses institutions politiques ; les lois nouvelles ont eu pour objet principal de faire
disparaître ces contradictions : donc en France
les institutions nouvelles sont d'accord avec
les mœurs nationales.

Je sais bien qu'on reproche à la constitution de l'an 8 d'être trop démocratique, et
de ne l'être pas assez ; de donner trop de consistance aux places, et de ne pas leur en donner assez ; d'en avoir institué un trop grand
nombre, et d'en avoir institué trop peu ;
d'avoir attribué aux fonctionnaires des trai-
temens trop considérables, et de leur en avoir
donné d'insuffisans ; d'être trop compliquée
et trop simple ; mais tous ces reproches se

réfutent d'abord par l'indication seule des sources d'où ils viennent, et ensuite ils se réfutent mieux encore par leur opposition.

La constitution de l'an 8 n'est ni démocratique ni monarchique; elle a, comme tous les ouvrages humains, ses imperfections et ses lacunes; mais considérée en masse, elle offre une heureuse concordance de parties liées entr'elles sans effort et subordonnées sans contrainte : elle marque, par des traits qui lui sont propres, les progrès que l'expérience des malheurs de l'exagération et des écarts a fait faire parmi nous, à la science de constituer et à l'art de simplifier et de garantir les établissemens politiques : cette constitution enfin est formée de tous les élémens qui doivent entrer dans une grande et saine organisation de surveillance; elle est établie sur des principes parfaitement conformes au véritable objet social de l'existence des gouvernemens.

Les auteurs de la constitution de l'an 8 avaient bien plus à remplir la tâche de réformer que celle de créer. Ils avaient devant eux des institutions vicieuses et caduques à peu d'années de leur naissance. Il ne s'agissait que d'écouter la voix publique, de modifier les établissemens existans, d'ôter aux uns des facultés qui étaient sans rapport avec leur objet constitutionnel, de donner aux autres, dans une mesure suffisante, celles dont ils avaient besoin pour remplir le but de leur institution, et de faire disparaître les causes d'irritation et de jalousie qui existaient entre toutes.

Si l'on examine la constitution nouvelle sous ce point de vue, on trouvera, je pense, qu'une meilleure organisation des pouvoirs législatif, administratif et judiciaire ne pouvait se faire sur des principes plus sages et avec un moins grand appareil de réforme.

Ce que la constitution de l'an 8 a de commun avec d'autres constitutions, n'a pas besoin d'être discuté. Ce qu'elle a de particulier et de nouveau peut bien être un sujet théorique de contradiction et de doute. Je crois cependant que les choses nouvelles que cette constitution présente au jugement des esprits réfléchis et à l'épreuve du tems, trouvent leur raison dans les progrès de la science politique, et leur justification dans des principes que tout le monde peut comprendre.

1°. Les hommes, dans quelqu'État qu'ils existent, ne vivent ni pour commander ni pour obéir, mais pour jouir ; et comme la nature a voulu que les jouissances fussent un fruit du travail, l'emploi du tems , dans la vue de se procurer les jouissances, est le premier droit qu'il importe aux hommes de conserver.

2°. Les hommes , en se réunissant , ont trouvé les moyens de donner au travail une plus grande force productive : ce moyen est dans la direction qui a donné naissance au droit de propriété , et aux lois des salaires et des partages. C'est sur ces élémens simples que se sont établies les premières bases de l'organisation de la société.

3°. Mais le droit de la propriété et les lois des salaires et des partages sont devenus une sorte de propriété commune que tous les individus ont été intéressés à faire valoir et à maintenir ; c'est sur ce fondement primitif que s'est établie la base de tous les gouvernemens.

4°. Des hommes ont été chargés de faire valoir cette propriété au nom de tous ; les rapports de ces hommes à la généralité des autres membres de l'association ont déterminé les différentes espèces et les différentes formes des gouvernemens.

Quand ces rapports ont bien exprimé le but et l'origine des fonctions exercées par les hommes qui exploitaient la propriété commune , au nom de tous les intéressés , l'es-

pèce du gouvernement a été parfaitement conforme à la nature , à l'objet , aux droits et
aux intérêts de l'association ; quand ces rapports n'ont exprimé que la force qui inves-
tissait de ces fonctions une classe d'hommes ,
et l'hérédité qui les transmettait à leur race ,
l'espèce et la forme des gouvernemens ont été
opposées à la nature, à l'objet, aux droits et
aux intérêts de l'association.

5°. Le droit de cette investiture est une
délégation sociale , et l'exercice des fonctions qui en dérivent une représentation de
même nature. L'une et l'autre supposent une
élection.

6°. Les principes de l'élection varient selon
l'étendue et la nature de l'association. Le
mode de l'élection ne peut pas être le même
dans un État où , comme à Athènes , la
nation n'était composée r ie de conditions
presque semblables et d'esclaves , où l'escla-
vage laissait aux hommes libres la faculté de
disposer de leur tems , où tous les hommes
libres pouvaient se rassembler dans une place
publique , et la France , qui s'étend sur un
territoire immense , qui se compose d'une
population de trente millions d'individus ,
qui ne souffre pas d'esclaves et renferme
une grande variété de conditions inégales.

7°. A Athènes, le principe de l'élection était facile et simple ; en France, il ne peut être ni l'un ni l'autre. En suivant le mode d'Athènes, l'élection se rapporterait , en France comme en Grèce , aux élémens de la population, et l'objet de la délégation se perdrait dans l'immensité et la diversité infinie de ces élémens. Il faut donc , pour conserver le principe de l'élection , s'écarter du mode immédiat que le nombre des électeurs rend inapplicable , et employer une forme recherchée qui , en éloignant le résultat de l'élection de sa source originelle, en conserve cependant et en constate la dérivation ; il faut enfin que le mode se complique pour que l'élection puisse atteindre son but.

8°. Le but de l'élection est de former une bonne représentation. La représentation s'établit sur la connaissance qu'a le représentant, non pas de la volonté , mais de l'intérêt des représentés ; car il est impossible d'accorder des millions de volontés dont la majeure partie n'est pas dirigée par des lumières; mais il est toujours possible d'accorder les intérêts des individus qui forment une association , quelque nombreuse qu'elle soit.

9°. L'élection immédiate a bien l'avantage de donner à l'élu une connaissance plus exacte de la volonté de ses électeurs ; mais dans une nation très-nombreuse, cet avantage est peu de chose auprès de celui de connaître leurs intérêts ; et comme ces intérêts se compliquent de la chaîne des intérêts généraux, l'objet de la représentation dans une grande nation ne peut être bien rempli qu'autant qu'on peut assez perfectionner le mode de l'élection pour généraliser ses formes , qu'autant qu'on peut arriver à instituer au sein de cette nation, une sorte d'intelligence collective, dont les actes soient regardés et reçus comme des résultats du discernement national.

. 10°. Je sais bien que les impressions des localités et la dérivation immédiate manqueront à ces résultats ; mais à quoi servirait ce genre d'impressions et de dérivation pour le grand objet de la représentation générale ? Les élus immédiats et locaux pris isolément , représentent bien à la vérité les personnes qui les élisent ; mais en rassemblant ces élémens de représentation, on ne fait que les rapprocher, on ne parvient jamais à les combiner, à les organiser, à en faire un corps de représentation commune : l'impulsion de l'intelligence générale est ici remplacée par une multitude d'impulsions individuelles ; une foule de citoyens sont représentés , et la nation n'est pas représentée.

D'après ces observations, je me crois fondé à dire que la constitution française est non-seulement républicaine par ses principes , mais encore par son origine et par le mode de sa première formation ; et si l'on rapporte les principes que je viens d'exposer aux circonstances où cette constitution a été mise en activité ; si l'on est capable de sentir tout ce qu'il y a de profond et de vrai dans la conception de cette institution si neu.., qui généralise et cependant réalise la po.sée nationale, pour faire sortir de ses actes l'impulsion qui anime le gouvernement et garantit la vie du corps social ; et si l'on se rappelle que les élections, qui ont fait partie de la constitution, et celles qui en ont été une suite immédiate, ont reçu de la nation entière une sanction effective, et la plus nombreuse comme la plus solennelle approbation que jamais des commettans aient donnée à des hommes chargés de vouloir et de décréter pour eux, je pense qu'on ne contestera pas cette conclusion, que la constitution de l'an 8 est représentative : j'irais jusqu'à dire qu'elle est la plus représentative, et peut-être la seule représentative qui existe , si je ne croyais pas inutile de m'engager sur ce point dans un polémique qui m'écarterait sans fruit de mon objet.

La seule conclusion qu'il importe de tirer des principes précédens, c'est que les lois françaises ont été faites par des hommes qui, délégués d'abord par la force des circonstances, l'ont été ensuite par la volonté libre du peuple français; que leurs choix, confirmés par une acceptation générale et formelle, sont devenus des élections nationales, et qu'ainsi toutes les autorités qui existent en France, depuis la plus éminente jusqu'à la moins importante, exercent des droits qui leur ont été conférés par le suffrage de la nation.

Je ne porterai pas plus loin cet examen. J'ai prouvé que les mœurs françaises étaient d'accord avec les nouvelles institutions françaises ; j'ai donc prouvé que les institutions françaises étaient au moins relativement bonnes : j'ai prouvé que les changemens survenus depuis deux siècles dans les mœurs françaises, étaient d'accord avec le système progressif de la civilisation générale, et que si la France n'avait pas retiré du système commercial l'avantage de donner, comme l'Angleterre et la Hollande, une très-grande étendue au système de son crédit et à celui de ses manufactures, elle en avait obtenu des résultats plus conformes à son organisation sociale, plus salutaires à sa prospérité, plus utiles à sa puissance. Dans la comparaison que j'ai faite de l'état de l'Angleterre et de la France, j'ai prouvé que l'avenir était une incertitude inquiétante pour la puissance de l'Angleterre, un tems de crise et d'épreuve pour sa richesse, et qu'il était tout espérance, amélioration et progression pour la France : j'ai fait le tableau des deux pays, et j'ai fait observer que l'Angleterre, maîtresse de toutes les mers, usurpatrice du commerce de tous les peuples, et préservée du fléau de la guerre par son isolation, était cependant obligée aujourd'hui d'épuiser toutes les ressources d'un crédit exagéré, d'exalter au plus haut degré tous les ressorts de son administration financière, d'employer les derniers efforts du génie taxateur pour supporter les charges de la guerre. J'ai montré en opposition la France sortie à peine du chaos des dissentions intestines, long-tems déchirée au dedans, aux prises pendant huit ans avec la majorité des États de l'Europe, luttant encore aujourd'hui contre les quatre plus grands empires de l'univers, toujours résistante, toujours impénétrable, toujours entretenant des

armées capables de défier toutes les puissances coalisées contre son indépendance, se
maintenant sur leur territoire, et subvenant
à toutes ses dépenses avec un système de perception, inférieur de plus d'un quart à celui
dont elle était chargée avant la révolution.
J'ai déduit de ces faits, que la France était
puissante puisqu'elle avait triomphé de toutes
les tentatives de ses ennemis; que sa puissance
n'avait reçu aucune atteinte, puisqu'elle suffisait aujourd'hui, comme il y a dix ans, aux
mêmes efforts d'attaque et de résistance; que
sa puissance enfin était dans un cours progressif sûr à la fois et rapide, puisqu'en
même tems que la perspective de la diminution de ses charges et de ses dangers se rap-
prochait, elle voyait s'améliorer et se multiplier sans mesure autour d'elle et dans son
sein, ses moyens de sécurité, de bonheur et
de richesse. Je crois avoir rempli le but que
je m'étais proposé.

F I N.

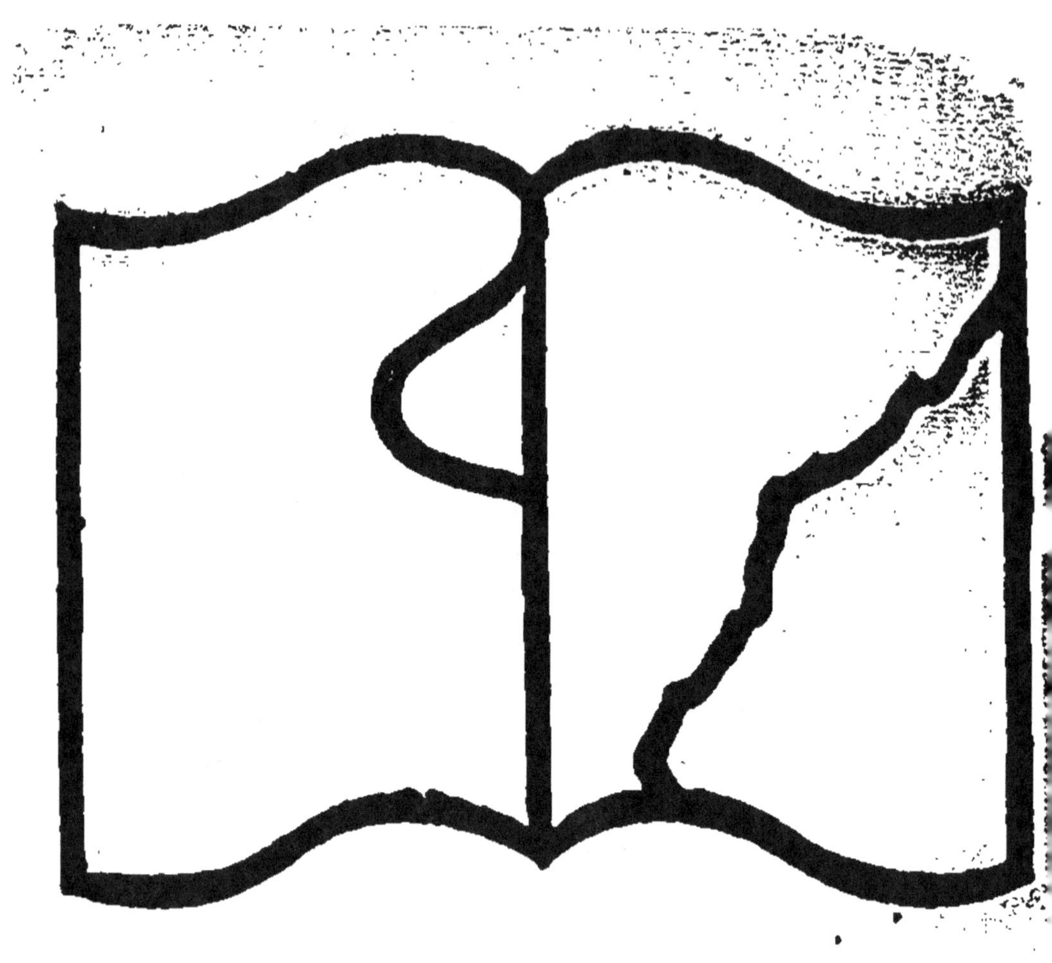

Texte détérioré — reliure défectueuse

NF Z 43-120-11

www.ingramcontent.com/pod-product-compliance
Lightning Source LLC
LaVergne TN
LVHW050216030726
842520LV00002B/546